LOCUS

LOCUS

LOCUS

Smile, please

Smile 121

幸福好日子：
向全世界最快樂的丹麥人學習滿意生活的10項祕訣
Heureux comme un Danøis

作者：瑪琳娜・希達樂 Malene Rydahl
譯者：顧淑馨
責任編輯：邱慧菁
封面設計／插畫：nicaslife
法律顧問：全理法律事務所董安丹律師
出版者：大塊文化出版股份有限公司
台北市 10550 南京東路四段 25 號 11 樓
www.locuspublishing.com
讀者服務專線：**0800-006689**
TEL：(02) 87123898　FAX：(02) 87123897
郵撥帳號：18955675　戶名：大塊文化出版股份有限公司
版權所有　翻印必究

總經銷：大和書報圖書股份有限公司
地址：新北市新莊區五工五路 2 號
TEL：(02) 89902588 (代表號)　　FAX：(02) 22901658
製版：瑞豐實業股份有限公司
初版一刷：2015 年 7 月

定價：新台幣 280 元
Printed in Taiwan

幸福好日子

向全世界最快樂的 丹麥人 學習滿意生活的 *10* 項祕訣

Heureux comme un Danøis

瑪琳娜‧希達樂 Malene Rydahl

顧淑馨 譯

目 錄

自由地做自己，
鼓起勇氣追求幸福生活

前言
從前從前……：
一本關於幸福的書

　　從前從前，有個年輕的丹麥女子，決定要寫一本關於幸福的書。

　　寫作期間，她到法國南部度假，應邀參加一場大型晚宴，地點是俯瞰大海的一棟豪宅，賓客是相當時髦的一群人，個個爭奇鬥豔，一切好像都很完美。餐前酒提供極佳年分的香檳和葡萄酒，還有各種奇奇怪怪你不一定能想像得到的異國雞尾酒。

　　大家討論的話題不出生活的享樂：到遙遠異地旅行、入住世上最漂亮的飯店，在最時尚的餐廳、最棒的座位用餐，還有藝術與文化等。他們談生活中所有美好的事物，

那是人人夢寐以求的人生。後來，話題轉向這位女子寫的有關丹麥人的書。同桌其他賓客對書名《像丹麥人一樣快樂》（*Heureux comme un Danøis*）感到驚訝，有位男士說：「妳怎麼會選這個主題？我想不出那個國家的人有什麼理由可以這麼快樂！」

年輕女子試著解釋，丹麥人對彼此與國家體制的無比信任，以及他們爲社會整體利益、爲公益付出的熱忱。丹麥的教育體系在促進每個學生培養獨特的人格，並且賦予每位國民找到一片天的自由，讓人人知道那有多麼重要。重點不在於出人頭地，而是要找到適合自己的一席之地。女子告訴在座者，丹麥人無意培養一群超級精英，他們的優先要務是使全國人民都過得很快樂。說完後，她一時多嘴，加了一句：爲了維持那種社會所需要的經費，丹麥的稅賦高居世界第一，所得達 39 萬克朗（krone）*以上的人，邊際稅率將近 60%。

聽到這裡，剛才那位男士忍不住大叫：「太可怕了！」又說：「別想說服我們相信，那樣的制度能讓任何人幸福，

---

* 以 2015 年 6 月的匯率（1 丹麥克朗：4.704 台幣）換算，約爲 183.4 萬台幣。全書依此匯率換算丹麥克朗。

沒有人願意為別人付錢。總而言之，沒有精英的國家，不會有未來。」另一位女士也說：「我看過電視上的政治劇《城堡》（Borgen）影集，那些人都活得很痛苦，這根本就說不通！」

故事到此為止，言歸正傳。

全球最幸福的國度

我完全清楚，丹麥模式不會令人人叫好，我寫這本書的目的也絕對不是要說服大家，丹麥模式優於任何其他模式，我只是希望分享個人經驗和我對世界的看法。

我出生在世界上最快樂的國家卻不自知，我不知道自己有多麼幸運，卻決定離開它去追尋我想要的人生。如今，在離開丹麥很長一段時間後，我想要從 10 個簡單的關鍵觀念，來討論一個看來已讓人民享有幸福超過 40 年的模範社會。

世界各地的觀察家都同意，丹麥人是地球上最快樂的人民之一。自 1973 年，歐洲最早開始針對這項主題進行各種調查以來，丹麥屢屢高居國際幸福排行榜第 1 名。在 2012 年及 2013 年著名的《世界幸福報告》（World Happiness Report）中，丹麥都是榜首——該報告是聯合國

調查各國幸福度的「聖經」；相較之下，法國在 2013 年排名第 25 名。

　　丹麥在其他調查中得第一的，還有 2012 年歐盟官方民調「歐盟氣壓計」（Eurobarometer）的調查、2011 年蓋洛普世界民意調查（Gallup World Poll）的全球幸福指數，以及 2008 年的「歐洲社會調查」（European Social Survey）等。對一個人民普遍傾向於謙虛的小國而言，這是很了不起的紀錄。

　　但是，這要怎麼解釋呢？為什麼這一小群人口才 560 萬左右、一年 12 個月有 9 個月都很寒冷，而且冬天一到下午 3 點就天黑的國家，人民卻還覺得如此滿足？它的稅賦也是名列世界前茅：所得稅接近 60%，汽車稅 170%，加值稅 25%。[1] 為什麼？實在是很奇怪。

　　當被問到對「丹麥是世界上最快樂的國家」有何感想時，丹麥人經常回答：「喔，我聽過這件事。我不知道這是不是真的，但這裡的生活確實很棒。」他們不喜歡自誇，當然更不會炫耀自己是世界上最快樂的人民。謙遜、樸實，是丹麥文化的基本價值。再說，丹麥的生活也並非事事稱心如意，那裡酒類與抗憂鬱藥的消耗量居高不下，自殺率也很高。但這是否意味著丹麥人的幸福是謊言？絕非如此。

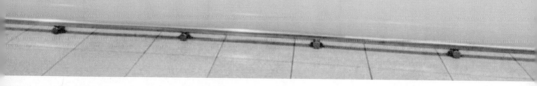

歡迎來到世界上最快樂的國家。

基於本書要與讀者一起探討的 10 個重要觀念，絕大多數的丹麥人是眞心滿意自己的人生，只是在丹麥跟在其他國家一樣，人生很複雜，不能一概而論。

我的出生地奧胡斯（Århus），是丹麥的第二大城市，人口約 25 萬。我在世界上最幸福的國家長大之後，帶著從那裡獲得的知識與經驗，決定出走到異鄉生活，尋找自己的幸福。年僅 18 歲的我，想要親身去理解，別人教給我與我自己認爲的生命眞相，其間有何差別？與現實人生交手，往往是驗證個人參考標準和信念的好方法。當年的我並不知道，丹麥模式是國際上的幸福標竿，也把丹麥的制度視爲理所當然，覺得那是常態。

不過，我並未就此不質疑這個制度的主要信條，反而自問過許多問題，包含人人平等是否眞的是好事？大家都一樣，不是會導致平庸嗎？一味強調樸實、謙虛，豈不限制了人們的潛能？還有，福利國家難道不是國民推卸自身責任的託辭？當時，我也仔細思考了幸福的概念，並思索應該到哪裡尋找它。我需要在現實生活中測試自己的想法，以便給自己最好的機會，變得獨立、自由、忠於自我。

那是一條漫長的路。我和其他國家與文化的接觸，使我更明白並增強了我所認識的丹麥人幸福觀。行走於亞洲、

美國和歐洲各地，打開了我的眼界，使我看到自己周圍的寶藏。令我傾心的國度，也是我目前的定居地：法國，以其文化和人民的豐富內涵，啟發我尋找屬於自我的平衡。於是，今天我在法國，憑藉著後見之明的優勢，寫作關於丹麥的幸福。

幸福的定義

在探討丹麥的幸福祕訣之前，先讓我們對「幸福」的真正涵義有個共識。只用幾句話來說明幸福是什麼並不容易，因為視個人的語言和文化不同，有關幸福的定義與幸福的同義字可謂不可勝數，比方說，有歡樂、愉悅、福祉、喜樂、滿足……等一長串。但是，要怎麼形容幸福最為貼切？

科學上有十分務實的觀點，在醫學影像專家的眼中，「幸福」是一種腦部不同部位特定、可測量的活動。從字源學上得到的資訊是，「幸福」（happiness）的英文單字來自中世紀的英文名詞「hap」，意指「機會」或「運氣」。也有哲學家洋洋灑灑的各種主張，從文藝復興時期法國蒙田（Montaigne）及 17 世紀荷蘭斯賓諾莎（Spinoza）主張樂觀，到 19 世紀德國叔本華（Schopenhauer）及 20 世紀

奧地利佛洛伊德（Freud）認為不可能有幸福，還有把幸福
連結到享樂的古希臘哲學家伊比鳩魯（Epicurus），或是連
結到信仰的 17 世紀法國神學家帕斯卡（Pascal），或像 19
世紀德國哲學家尼采（Nietzsche）連結到權力。

　　最重要的是基本定義，英國經濟學家理查·萊亞德
（Richard Layard）陳述得很好：幸福是「感覺愉快、享受
生活，並且希望這種感覺繼續下去。」[2] 我喜歡這個定義，
因為它簡單，而且與大多數人能夠產生共鳴。當然，我們
也別忘記一個重要的區別，那就是國家集體的幸福（由各
項著名的幸福調查測量所得）與個人的幸福確實存有差異。

　　影響個人幸福的因素有很多，我不確定是否可能以真
正客觀的方式來測量，就算分辨幸不幸福的人往往並不難，
但那依舊是非常私密且主觀的感受。精神科醫師、社會學
家、神經科學家和教育學者等專家都同意，在幸福這件事
上，不見得人人生而平等，我們可能天生的幸福潛力就比
較好或比較差。有人甚至主張，基因要 100%為我們的基
本幸福度負責，一個人幸不幸福是命中注定的。他們認為，
是每個人遺傳的基因，有系統地管理著我們的幸福度。

　　上述這種看法稱為「定點理論」（set-point theory），
有一項 1996 年的調查支持這個說法。該項調查的對象是

Le bonheur c'est le fait
de se sentir bien,
d'aimer la vie, et
désirer que ce
sentiment perdure

Heureux Comme Un Danois

幸福就是感覺愉快、享受生活，並且希望這種感覺繼續下去。

三百對雙胞胎，有一起長大的，也有被分開扶養的。調查
結果指出，80％的幸福情緒取決於基因。[3] 幸好，還有其
他研究發現，這個比例是比較中庸的 50％。舉例而言，精
神治療師西瑞·簡森（Thierry Janssen）說，人的幸福能力
50％受染色體影響、10％受外在因素影響、其餘 40％取決
於自己，[4] 因此在追求個人幸福方面，我們仍保有相當大的
努力空間！

　　至於各種國際調查測量的集體幸福，因為標準各異，
所以必須小心解讀。有很多人試圖為集體幸福下定義，像
是喜馬拉雅山脈中的小國不丹，國王在 1972 年轉化正統的
「國內生產毛額」（Gross Domestic Product, GDP）一詞，
首創「國民幸福毛額」（Gross National Happiness, GNH）
指數，它依據四項標準：永續公平的社經發展、環境保育、
文化的保存與推廣，以及良好治理。[5] 儘管不丹曾遭受經濟
危機的負面影響，這個概念仍替它贏得「幸福國」的稱號。

　　另一個例子是著名的羅馬俱樂部（The Club of
Rome），它因各成員國「共同關切人類與地球的未來」而
於 1968 年成立。羅馬俱樂部評估幸福最有名的是：1972
年的報告《成長的極限》（*Limits to Growth*），該書主張
以經濟指標來衡量生活品質。

　　無論用哪種方式，這些全球性的調查研究難免會有失精準。一來，集體幸福不可能是個人幸福相加所得的總和。其次，有許多因素可能會影響個人回答調查中所問的問題，如：「一般來說，你是否滿意自己的生活？」當場要回答這個問題並不容易，因為舉凡天氣、國家代表隊在重要比賽中是否獲勝，或是任何個人控制不了的好事或壞事等因素，都可能會影響當時的答案。甚至我們也可以推論，非常不快樂的人會懶得或不想參加這類調查。

　　從事大規模調查的機構，如聯合國、蓋洛普和歐盟統計局（Eurostat）也發現，就連問題的順序也可能會影響答案。舉例來說，如果前面的問題與政治或貪腐程度有關，受訪者在回答是否滿意自己的生活時，較容易做出較為負面的答覆。國際排名也可能會遭受批評，指稱未將文化差異納入考量，因為同樣的價值觀在不同國家，不一定代表相同的現實狀況。雖然存有這些小瑕疵，也儘管這種大規模的調查或許無法表現出一國集體幸福的真實全貌，但大量的民眾受訪意味著最低限度，就一般平均的幸福度或一國全體人民的福祉而言，它提供了一個相當不錯的指標。

　　為了擴展我對這項主題的觀點，我聯絡了任教於奧胡斯大學（University of Århus）的丹麥籍教授克里斯欽‧

比亞奇可夫（Christian Bjørnskov），他投入時間和精力研究這項主題已有多年，他也是幸福研究所（Happiness Research Institute）的創始成員（沒錯，真的有這個研究所存在。）[6] 丹麥有一群無私的學者組成智庫，專門致力於研究這個令人高興的題目。我們花了一整個早晨，在奧胡斯的卡薩布蘭加咖啡館（Café Casablanca）討論集體幸福。比亞奇可夫教授說，有一些基本的普遍因素會提升國家的幸福度，如民主政治體制、一定程度的國家繁榮、運作良好的司法體系，以及沒有戰爭等。他估計，有三、四十國符合這些標準。在這些因素為基礎下，還有其他因素會影響幸福感，特別是對他人的信任和選擇個人生活方式的自由（及可能性）。

　　無論有哪些變數、受到哪些微妙的影響，幸福是普世的權利。在 1776 年 7 月 4 日，甚至白紙黑字寫於波士頓起草的美國《獨立宣言》（The Declaration of Independence）中：「我們認為下述真理不言而喻：人人生而平等，造物者賦予他們若干不可剝奪的權利，包括生命權、自由權和追求幸福的權利。」

　　所以，我覺得分享丹麥人的某些幸福祕訣很重要，這些祕訣很簡單，並非遙不可及。我決定，一方面不能忘記

這項主題是多麼複雜、牽涉廣泛，但同時採取非常簡單的方式，借用從我認識的人身上得到的啟發，以及自身的見聞與體驗，來討論如何獲得幸福。

從前從前，有 10 個成為「世界上最幸福的人」的簡單方法。

自製果醬販售，請服務自己喔！

祕訣 1
我對周遭的人有信心：
信任

人們愈是信任彼此，就會愈感到幸福。
丹麥擁有全世界最高的信任度。

那是丹麥一個燦爛的夏日，人們走出戶外，盡情享受珍貴難得的溫暖與陽光。我帶著母親開車到郊外去，購買晚餐要用的蔬果。一路上，只見賣馬鈴薯、碗豆、胡蘿蔔、覆盆子和草莓的路邊攤。那些蔬果全都是附近農場種的，這沒什麼稀奇，只有一個細節並不尋常：在丹麥，那些攤子都無人看管。

每個攤子上都放著一個小罐子，要買農產品的錢就投到裡面。農民們甚至貼心地放了一些零錢，好讓要找錢的顧客有錢可找。到了收攤時，農民們再來收取賣得的錢。

我小時候便是如此,至今大家仍然遵守這個原則。或許,這令人難以置信,但是沒有人想要偷竊,這個制度是怎麼運作的?

氣溫下降,信任升高

丹麥教授傑特・提葛・史文森(Gert Tinggaard Svendsen)最近出版了一本關於信任的著作,[1] 他在書中比較了 86 個國家,看看哪些國家的人民彼此信任,哪些則否。[2] 他的判定結果如何? 78%的丹麥人相信周遭的人,這創下世界紀錄。

在史文森教授研究的其他國家,平均信任度僅 25%或更低。所以,下列這點毫無疑問:丹麥享有世界上最高的信任度。有趣的是,所有北歐國家在這項調查中都名列前茅,而巴西則排名倒數,信任度僅達 5%。其他南美國家和非洲國家與巴西同屬墊底;法國和葡萄牙則低於平均值,法國有 70%以上的人不信任同儕。

這項研究顯示,丹麥人對體制——包含政府、警察、法律和公務員等——的信任度高達 84%。是否因為史文森教授是丹麥人才這麼寫的? 不大可能。其他研究者如法國亞恩・艾爾剛(Yann Algan)和皮耶・卡胡克(Pierre

Cahuc），也證明丹麥人很少質疑國家的體制。[3] 比方說，僅 2.2%的丹麥人表示不相信本國的法律制度，英國卻有將近 15%、法國 20%、土耳其 25%的人表示不相信。[4] 此外，在《富比士》（*Forbes*）雜誌全球十大最佳政府排行榜上，丹麥高居第一位。[5] 這個排行榜的評比標準有：政府權能、清廉、社會秩序與安全、人民權利、政府透明度、法規執行力，以及民刑事司法公正等。

這種調查結果對社會關係重大，舉例而言，如果你懷疑身邊每個人都在要詐，那你情不情願繳所得稅？很可能不情願，因為你會覺得繳稅像笨蛋，而非好國民在做的事。通常當人們相信別人也會照做時，會比較願意遵守規定，因此福利國家唯有建立在個別人民的互信上才可能持久。

信任不但對社會運作有極大的影響，也左右著個人的幸福。世界各地有無數的研究人員、社會學家、經濟學家和哲學家，曾經試圖找出幸福的明確原因。他們幾乎一致同意：人與人之間的信任，絕對是幸福等式中的一項關鍵要素。關於這個主題的最終定論，聯合國著名的《世界幸福報告》說得很清楚：人們愈是信任彼此，就會愈感到幸福。[6] 法國研究者艾爾剛和卡胡克也證實：相反地，建立在不信任上的社會，幸福的傾向也連帶偏低。[7] 奧胡斯大學的

比亞奇可夫教授有同樣的結論：「丹麥的高信任度，是其高幸福度最重要的原因之一。」[8]

是不負責或信任？外套、皮夾與嬰兒

在哥本哈根歌劇院（Copenhagen Opera House）裡，外國人看到丹麥人把外套放在無人看管的衣帽間，總不免感到十分詫異。那是幾百人憑直覺相信彼此的一個實例，他們知道在散場後，自己的衣物仍會留在原地，他們甚至連想都不曾想過，東西會不見。

我住在丹麥時，也從來沒有過這種念頭。有一天，我哥哥從超市回來，他告訴我，他在一箱蘋果中發現 500 克朗。*他說：「一定是有人掉的。」所以，他通知超市一位主管，把撿到的錢交給他。失主在打烊時回來找那 500 克朗，主管便把錢還給她，結果她留下 100 克朗給家兄做為酬謝。

這個小故事在非丹麥人看來也許十分荒唐，你可能會說：「太天真了！那個主管顯然是把錢占為己有。」這類反應我能理解，我在丹麥國外旅居了 19 年，親眼目睹過不

---

* 約為台幣 2,350 元。

信任多於信任的情形，而且很不幸地，經常是基於無話可說的理由。

　　試想：你在街上丟了皮夾，找回來的希望有多大？答案可參考《讀者文摘》（*Reader's Digest*）所做的一次實驗。[9] 主持這項發人深省實驗的人，在世界各地的城市街道上丟下了 1100 個皮夾，裡面各有相當於 50 美元的當地貨幣，以及皮夾主人的聯絡資料。這項實驗的目的，是要看有多少人會納入私囊，又有多少人會物歸原主。在丹麥人口約 13 萬的歐堡市（Ålborg），皮夾 100％ 全部找了回來，而且一毛錢都不少。所有城市的平均值是略高於 50％，實驗結果顯示，在許多國家，包括墨西哥、中國、義大利和俄羅斯，找回失物的機率非常低。

　　信任能夠使人心安，所以是可能改變人生的要因之一。有一次，家母在巴黎被偷走 300 歐元現金，* 她在丹麥投保的公司問她，能否證明她那天領過那個金額的錢。可惜，她沒有留下提款機收據，而那又是唯一直接可取得的證據。但即使沒有證據，那家公司還是相信她，賠償了全額損失。

---

* 以 2015 年 6 月的匯率（1 歐元：34.748 台幣）換算，約為台幣 10,425 元。全書依此匯率換算歐元。

數年後，我在巴黎遭到同樣的厄運，我投保的法國保險公司，接電話者只是一再重複同一句話：「妳是在開玩笑吧？」

再舉一例：我念書時，在哥本哈根一家咖啡館打工三年，賺取學費。那家店以店外停滿娃娃車著名，原來是請產假的新手媽媽們在店內與朋友聊天，把嬰兒車放在外面。非丹麥人往往覺得不可思議，但在丹麥，父母留在店內，把小 baby 放在餐廳和咖啡館外很正常。從一個角度看，是沒人管那些嬰兒，但從另一個角度看，是大家都在管，因為再重複一次：人人信任周遭的人。

這種習慣幾年前曾在紐約造成醜聞，有個年輕的丹麥婦女把嬰兒留在餐廳外的娃娃車裡，自己和孩子的爸在餐廳裡面吃飯。結果，餐廳打電話報警，那位母親因疏忽罪名被捕。美國當局把嬰兒留置了三、四天，才交還給她母親。這名母親對紐約市提起訴訟，結果獲得約一萬美元的賠償。

信任的力量與「懶惰羅伯」

2012 年 8 月，丹麥財經報紙《柏森日報》（*Børsen*）主辦了一場討論信任的大型會議。[10] 暢銷書《高效信任力》

在丹麥，父母留在店內，把小 baby 放在餐廳和咖啡館外很正常。

（*The Speed of Trust*）的作者小史蒂芬・柯維（Stephen M. R.
Covey）是這個主題的專家，自然受邀到場發表演說。一開
始，他讚揚丹麥是信任的模範國度，然後他把重點放在與
缺乏信任相關的重大代價上，如一個組織的成員若彼此猜
忌，就必須設置昂貴的監督、法制及安全機制。

　　小柯維提到美國投資名人華倫・巴菲特（Warren
Buffett），以及他購併的一家大公司：食品批發商麥克蘭
（McLane Company），它是沃爾瑪（Wal-Mart）的物流事
業部，年營收總計達 230 億美元。通常這種規模的購併案，
不但需要好幾個月的時間，還要付出巨額的律師、顧問及
稽核師等費用，因為雙方都要從裡到外被查個清楚。但這
樁購併案，雙方彼此看得很順眼，也相互信任，所以在兩
個小時即談成交易，並握手為證，省下幾個月的準備時間
和數百萬美元的開支。在小柯維看來：「不信任將使交易
成本加倍。」[11]

　　丹麥前經濟部長瑪格莉特・維斯塔格（Margrethe
Vestager）也出席了這場會議，她在將近一個小時無提示稿
的演講中也主張，信任是省下各種耗費的源頭之一。她舉
例解釋，相信失業者比處處提防著他們要省錢得多。在此
要指出一點：丹麥人非常以國內的社福制度為傲，2009 年

為丹麥《日德蘭郵報》（*Jyllands-Posten*）所做的一項調查證實，那確實是他們最感到滿意的，滿意程度甚至超越丹麥的民主、寬容及和平。[12] 但他們也知道，每個國民均參與和貢獻，不舞弊、不詐欺，攸關社福制度的成敗。求職者的誠信，不僅被視為事關其本身的利益，也涉及大家共同的利益。維斯塔格承認，即使是在丹麥，最起碼的監督仍然有其必要。

2012 年 9 月，丹麥曾經爆發爭議。一個媒體稱為「懶惰羅伯」（Lazy Robert）的年輕人，令整個國家蒙羞。「懶惰羅伯」公開表示，他寧可占著領失業救濟金的便宜，也不要做無聊速食連鎖店的工作。怎麼有人可以故意利用社福制度卻不感到羞恥？「懶惰羅伯」顯然不是唯一抱持著這種態度的人，但這對丹麥人來說是很大的侮辱。法國人對此或許較不在意，某天有個年輕法國女生告訴我，她住在美國時的各種刺激冒險經歷。我問她：「聽起來真的很精彩，但妳沒有綠卡怎麼生活？」她回答：「我靠失業救濟金！」語氣一點也不慚愧。又有一次，晚宴時坐在我旁邊的人驕傲地告訴我，他靠失業救濟金休了一整年的假。他只是想無所事事一陣子，好好思考人生，享受一點自由時間！

　　無論如何，參加《柏森日報》那場會議後，我帶著滿臉笑容離開。我為自己的國家感到高興，也提醒自己，別忘了付 750 歐元的出席費。*沒錯，主辦單位並未要求預付費用，他們相信參加者會後會付款。丹麥前總理波爾‧尼魯普‧拉斯穆森（Poul Nyrup Rasmussen）曾說過：「你很少看到丹麥人一手拿刀，另一手不拿叉的。」[13]

不當交易與不義之財

　　我在巴黎從事第一份工作時，特別打電話給父親，告訴他有家印刷廠商給我極為優惠的條件。「我們要印宣傳手冊，他給的條件實在太棒了！不但收費比別家低，還在我夢寐以求的地方有間很棒的公寓，願意以非常合理的價錢租給我。他實在很好心，對嗎？」家父回答：「對。可是，哪天如果他要漲價，妳要怎麼辦？妳租他的房子，若房租低於市場行情，妳的處境其實有點危險，妳不覺得嗎？」

　　答案顯然是「沒錯」，所以後來我沒有接受那項提議，選了另一家印刷廠。我在第一時間的反應是基於一個想法：既然他的價格比別家物超所值，不如就把合約給他，尤其

---

* 約為台幣 26,060 元。

他又好意要把房子低價租給我，看起來那是雙贏的局面。實際上，它可能問題叢生，若是我接受了他的提議，就會失去和他做生意的獨立、公正立場。我會因為個人動機而代表公司和那個特定廠商維持合約，但我只是一個員工。

當我告訴別人這件事時，得到各種不同的反應。有人——老實說，多半是南歐人——說：「妳好笨！想想看，住在那間公寓該有多好？」也有人——經常是丹麥人——很生氣地說：「太可怕了！他是想賄賂妳。好陰險的提議，還好妳沒有接受。」貪腐（corruption）在字典上的定義是：「為了個人利益而濫用權力。」我這個小插曲，正是絕佳的例子。

其實，貪腐在丹麥，還有芬蘭和紐西蘭，均屬全球最低。打擊貪腐的國際透明組織（Transparency International），2012 年 12 月發布了最新年度的貪腐調查報告。在 176 個受調查國家中，丹麥位居貪腐最少的第 1 名。歐洲主要國家的排名為：德國第 13 名，英國第 17 名，法國第 22 名，西班牙第 30 名。義大利遠遠落後，排第 42 名。人民以尊重體制和秩序著稱、公民意識也很強的日本，卻排到第 18 名。美國第 19 名，新興國家如巴西（69 名）、中國（80 名）、印度（94 名）及俄國（133 名），則仍在

努力與嚴重的貪腐奮戰。排名墊底的國家有阿富汗、北韓
和索馬利亞。

　　一般來說，丹麥政府機構和商業部門的貪腐非常少。
丹麥人根本不會容忍這件事，超過九成的丹麥人說：「在
工作上接受賄賂是不正當的。」同意這句話的人，在法國
略高於 50％，在葡萄牙 75％，美國 80％。[14]

　　懲罰貪腐對以儆效尤十分重要。丹麥最有名的貪腐案
之一爆發於 2002 年，當時的法魯姆市（Farum）市長彼得·
布里克斯托德（Peter Brixtofte），也是人氣很旺的政治人
物，被控濫用職權及公共財。這椿醜聞始於媒體揭露，一
張兩萬歐元的餐廳帳單（內含多瓶貴得離譜的葡萄酒），*
被布里克斯托德申報爲「各種市政會議」的開銷。接著，
其他舞弊事證浮上檯面，包括一些圖利市長友人的事件。
此案深深震撼了丹麥人，布里克斯托德的政治生命也很快
告終。經過數次上訴，最後他被判兩年有期徒刑。

　　丹麥外交部轄下的國際發展署（Danish International
Development Agency），於 2004 年開始實施「打擊貪腐行
動計劃」（Action Plan to Fight Corruption），並制訂行事

＊約爲台幣 694,960 元。

規範，建立零容忍政策。這些規範適用於發展署本身的援助人員，以及利害關係人、合作夥伴及援助受益人。他們甚至設置反貪腐熱線，提供民眾匿名舉報貪汙事件。

當一個國家與政治人物、政府機關及金融機構的關係，是建立於信任之上，國民就享有更好幸福生活的基礎。我認為，這是丹麥人普遍幸福的主要原因之一。

祕訣 2
我在社會上有一席之地：
教育

丹麥的教育制度是為大多數人的人格與
技能發展所設計，不以培育精英為目標。
上學免費，學生甚至可以領取政府津貼，
好讓人人都有受教機會。[1]

那是我在倫敦南岸大學（South Bank University）的第
一天，當年我就讀尼爾斯布魯克哥本哈根商學院（Niels
Brock Copenhagen Business School）時，曾在此進行了一個
學期的海外遊學。我與三百位學生一起坐在大演講廳裡，
大家都專注地聽著教授說明，等教授介紹完畢後，他掃視
整個演講廳一圈，說道：「對丹麥學生，我還有一點小提醒：
我們對你們的個人意見不感興趣，請一定要引用獲得承認

的權威來支持自己的主張。」

　　我對這個警告略感意外，不確定這位教授是否討厭丹麥人！結果完全不是那麼一回事，原因只在於丹麥教育制度的一項知名目標，就是培養學生的好奇心和自主意見，從而教育出獨立的個人，不重視靠記憶學習的各科知識。

　　丹麥人鼓勵孩子自己去體驗各種事物，建立自己的觀點。各級學校致力於教育明日的公民，使他們了解，在以平等、團結和自由爲基礎的社會裡，自己有哪些權利、責任和義務。丹麥的學校也投注了許多心力，培養學生的自尊心，鼓勵他們建立自己的人格，以便在最佳的狀況下面對未來。

我爲自己思考，因此我存在

　　丹麥人是不是徹底瘋了？還沒有……獨立及參與式學習的好處多多，是認知科學及教育理論都承認的概念。在經濟合作暨發展組織（Organization for Economic Co-operation and Development, OECD）的教育研究暨創新中心（Centre for Educational Research and Innovation, CERI），高等研究員一致同意：當人們實驗、參與和自由提議，而非被動地由上而下接受知識時，大腦的學習效果最佳。[2]

　　這並非什麼創見，古希臘哲學家蘇格拉底（Socrates）在很久以前就懂得，當頭腦「催生」理解，需要靠自己去尋找解答時，功能發揮得最好。OECD 及聯合國教科文組織（UNESCO）稱這項能力為「21 世紀的技能」（21st Century Skills），涵蓋協作與溝通、批判思考與解決問題、創意與創新，以及主動積極與自我掌握方向等能力。[3] 這些技能也是現在的雇主最殷切需要的特質，對今日高度連結的社會最為有用。

　　發展人格也是丹麥兩類學校的重點，它們在國外沒有真正對等的類型：一是生涯學校（*efterskole*），另一是自由學校（*højskole*）。14 歲到 18 歲的丹麥學生，可以選擇進入住家附近的生涯學校，就學時間為期一至三年，不過絕大多數只讀一年。其目的在培養學子傳統學科領域之外的潛力，以幫助即使在傳統學習環境成績不好的學生，也能在社會上爭得一席之地。

　　生涯學校強調創意、運動、職業技能和團體活動，在團結與自由的氛圍下進行教學。許多學生讀過生涯學校後，都能找到自己人生的立足點，得到獲取個人成就所需要的信心。丹麥約有 260 所生涯學校，生涯學校協會證實，它是很受丹麥年輕人歡迎的就學選項，每年有超過 15%的學

生會報名生涯學校。

　　丹維顧問公司（Damvad）曾替生涯學校協會做過一項調查，調查期間爲 2000 年至 2010 年，在 2012 年 9 月公布的調查結果顯示，就讀過生涯學校的學生不但較可能繼續升學，而且讀完高中或職業學校的可能性也較大，因此得以找到自己在社會上的適當角色。這份調查報告的作者指出，由於這些學校普遍強調團結精神，使出身艱困社會背景的學生，可獲得較優勢學生的啓發和幫助。

　　有無數的正面故事支持這項結論，其中之一是艾瑪・胡特・韓森（Emma Rytter Hansen）與我長談時告訴我的。[4]韓森在參加高中畢業考之前，進入生涯學校就讀，她說那段經歷教會她如何透過對話和容忍，接受並尊重他人的不同之處。「我對上學眞的很叛逆，從來不守規矩。我夢想著能夠再有一次機會。」生涯學校教導韓森認識自己和他人，使她得以在團體利益優於個人目標的體制內發展得更好。她說：「我認識到，在不放棄每個人的團體內生活，是多麼地有價值。那是不排斥任何一個人和透過對話解決問題的世界。」

　　不過，生涯學校訂有嚴格的校規，任何違法的行爲，像是吸食毒品、偷竊和暴力，都有可能遭到開除。韓森記

丹麥赫勒魯普（Hellerup）

得，她就讀的生涯學校裡有個女生，因為一再說謊和偷錢引起風波。「我們大家一起花了很多時間和她談，但是校方在半年後認定，她因為危害到全體的福祉與和諧，所以把她開除，她被轉介到承接特別困難案例的社服機構。團結、容忍和自信是關鍵，但每個人都必須尊重學校的制度。」

在我們結束談話時，韓森說：「那一年改變了我。它為我奠定了牢固的基礎，讓我可以建立符合自己性向的未來。」我說，那真是太好了！當然，丹麥社會也很棒，又培養出一個幸福的丹麥人。

第二種丹麥特有的學校是自由學校。假設有這樣一所學校，主要目標在逐步激發學生的學習欲望，每個學生都可以自由地表達自己、提出各種問題，也許是因為好奇心引導，也許只是想要尋找答案，那種學校就存在於丹麥。

自由學校成立於 19 世紀，創辦人路德會（Lutheran）主教格倫特維（N. F. S. Grundtvig），也是語言學家、史學家及教育家，被譽為「終身學習」之父。格倫特維認為，教育應該以快樂的概念為本，體現平等、尊重他人、分享和貢獻於團體等基本價值。他理想中的學校是有教無類，如同某種生活學校，學生可以表現創意，學習過團體生活。

他的構想是一種自由的教育，沒有競爭或文憑。

　　格倫特維興辦的第一所自由學校成立於 1844 年，地點在荷丁涅（Roeddinge）。至今，丹麥各地共有 69 所以上的自由學校，學生平均年齡估計為 24 歲，但其他年紀的人都可以就讀。學生們的共同願望是豐富個人經驗，為了遵守原始的創校理念，自由學校的入學資格很簡單，只要年滿 17 歲，會學校使用的語言之一：丹麥語或英語，即可入學。

　　自由學校的課程長度由一週至十個月不等，學校的部分經費來自政府，包括學生津貼和直接給付學校的補助。根據丹麥統計局（Statistics Denmark）統計，2012 年有將近一萬個丹麥人，在自由學校修讀長期課程，另有四萬五千人修讀短期課程。據估計，有 10%的丹麥人在一生中會去上自由學校的課。[5]

上學，樂在其中？

　　丹麥國家電視第一台（DR1）在 2012 年曾播放一系列的紀錄片，追蹤義務教育最後一年的一班丹麥學生和一班中國學生，[6] 目的是將丹麥學生的程度，與在全球表現數一數二的中國學生做比較。[7]

　　結果，中國學生幾乎在所有科目上都超出很多，連自我紀律都比丹麥的學生強。這個節目引起丹麥媒體的大論戰：從國際競爭的角度來看，丹麥的教育模式是否仍然可行？這種制度，甚至丹麥教育的根本，是否需要大幅檢討？

　　或許有其必要，但這項比較只針對學業成績，並未考慮到學生的福祉，也未顧及學生是否能夠培養個人技能，以便選擇適合本身個性的職業。假如你讀到 OECD 各會員國，有三分之一的學生覺得念書無趣，[8]而法國有近四分之三的年輕人說，念高中很無聊，[9]你會有很多東西可以思考。

　　丹麥的教育體制不培養精英，也不重視爭第一，畢竟精英在世界各地僅代表極少數的人口。雖然怎樣才算「精英」並無正式規定的人口比例，但我想把一國人口約 1%到 5%定義為精英應該沒問題。基於常識性的理由，或只是因為生活哲學，丹麥人更注意其餘 95%到 99%的人。

　　丹麥的教育方針，是教導大多數學生跟得上的知識，其難易程度是根據適合大多數人，而非頂尖學生來做調整，以確保一個學生也不放棄。丹麥教育體制的主要目標，不是為了讓學生因學到的知識而出類拔萃，而是讓每個人都能覺得，自己特有的技藝和人格是可貴的，同時讓所有學

生都能明白，他們在社會上有其地位和用處。

　　1999 年，我在哥本哈根的尼爾斯布魯克讀商業課程接近尾聲時，與班上四個同學聚在一起，爲集體考試做準備，那是另一個丹麥特有的現象。集體考試的概念是 1993 年由當時的社會黨政府所提出的，旨在培養凝聚力和團隊精神。[10] 進行的方式是：由一群學生完成一份書面計劃，再接受口試。口試時，由每個成員輪流報告，並進行個別評分，但是個人成績受到集體表現的強烈影響。

　　2006 年，丹麥的右翼政府，以它無法正確評量學生的個別學習成果爲由，取消集體考試的制度。[11] 但這項決定卻激怒學生，因爲他們忠於丹麥精神，珍惜協作一項計劃所需的那種團結。後來，集體考試制度在 2012 年又恢復，由各所學校自行決定要不要實施，[12] 而這本身也是非常丹麥式的解決方法！

　　丹麥的高等教育是免費的，甚至透過政府，不分每個學生的財務需要，一律發給每個月 760 歐元的津貼補助。* 比較起來，法國約 30％的學生，根據父母的收入，可獲得

---

*約爲台幣 26,400 元。

每個月最高 470 歐元的補助，*一年可領十個月。[13]芬蘭、瑞典、挪威、愛爾蘭和捷克，也提供免費的高等教育。但在眾多其他國家，學生上大學要付學費。

舉例而言，法國大學一年的學費，通常在 400 到 1200 歐元之譜，**若是入學競爭激烈的「大學校」（*grandes écoles*），學費更是高得嚇人，可達數萬歐元。相形之下，北歐的頂尖學府哥本哈根商學院卻完全免費。西班牙、義大利、奧地利、瑞士、比利時和葡萄牙的大學也要收費。在紐西蘭，每年的學費高達約 3,000 歐元，在澳洲、加拿大和日本則約 4,000 歐元，***在英國和韓國約 5,000 歐元，在美國約 6,000 歐元。[14]

已開發國家的年輕人，往往不確定該修哪些課程，或是將來要做什麼工作，以賺得高薪。例如，英國有 19.1％、美國有 31.15％的年輕人認為，享有比父母更高水準的物質舒適很重要，但在丹麥卻只有 11.8％的年輕人這麼認為。年輕人志在未來 15 年內要賺很多錢的比例，在義

---

*約為台幣 16,330 元。
**約為 13,900 台幣到 41,700 台幣。
***3,000 歐元約為 104,244 台幣，4,000 歐元約為 138,992 台幣，5,000 歐元約為 173,740 台幣，6,000 歐元約為 208,488 台幣。

大利是 33％、法國 30％、美國 29％，丹麥僅 18％。丹麥
的年輕人表示，他們覺得把容忍、尊重、負責、誠實和獨
立等價值觀傳承給子女，比留下遺產更為重要。[15]

　　一旦受到物質成功的想法所引導，就會有走錯路的風
險，因為你會為了金錢而背棄自己真正的願望。很多人發
現他們所做的工作，對自己一點實質意義也沒有。但是在
丹麥，學校很重視給予學生最佳建議，好讓學生針對繼續
升學或接受職訓課程所做出的選擇，能夠為自己帶來最有
意義的人生。

　　在提供升學和就業的建議時，有很多部分是為了個人
而量身訂製的。這項工作更升格到公共服務的地位，有市
政府設立的諮商中心，協助青年們對未來的發展機會，做
出切乎實際的決定。這些中心除了舉辦團體諮商和交流活
動，還會檢視個別學生的計劃。[16] 有趣的是，60％的丹麥
年輕人相信，他們可以選擇自己的人生要怎麼過，而法國
如此認為的人只有 26％、德國 23％。幾乎有半數的丹麥
青年認為，他們享有充分的自由，能夠完全掌握自己的未
來。[17]

　　丹麥的學校也比較可能教其他國家不太常見的科目，
例如性教育。丹麥學子在性教育的課堂上，學習性交的知

識，包括如何保護自己、表達自己的接受限度和需求。性
在丹麥不是禁忌話題，它被視為樂事之一。在 1970 年代和
1980 年代，北歐人在海外頗享有性自由的名聲，這當然震
驚了宗教導向更強的國家的人民。在我出生的地方，人們
認為均衡的生活，也包含滿意的性生活。丹麥也鼓勵學生
們公開討論性，自由發問。

　　丹麥的教育制度著重於學生的個人發展、技藝與能力，
不強調成績優異，這可以促進對個人幸福的追求。喜歡上
學和良好教育通常是共生關係，根據最新國際學生能力
評量計劃（Programme for International Student Assessment,
PISA）的調查，比較 OECD 65 個會員及夥伴國家 15 歲學
童的關鍵知識與技能水準，結果發現，喜歡讀書的學生在
校表現優於不愛上學者達 20%。[18]

　　然而，這是否表示，丹麥的教育體制非常完美？當然
不是。就算普遍的教育水準令人滿意，[19] 這個制度卻逃不
過一大風險，也就是它無法適當發展最資優學生的潛力，
以致他們的能力隨著時間而減弱。我曾經重回奧胡斯市的
母校史科澤學校（Skaade Skole）進行深入了解，我與副校
長加斯巴・柯修特（Jesper Kousholt）討論這個問題，年輕
的他對自身工作和學生發展極富熱忱。

　　柯修特估計，丹麥的教育體制內約有 5% 的學生沒有
受到充分的激勵。他承認，最聰明的孩子經常遭到忽略，
因為師長認為他們不需要外援。不過，他對丹麥的教育體
制評價很高，也認為著重於 95% 的學生、而非天賦特強的
少數人很重要。當然他也認為，目前的體制應該找出更好
的方法，發展其餘 5% 學生的潛能。[20]

　　我把讓頂尖學生也能人盡其才這個願望，看作是丹麥
可以改進的潛力區，是真正的機會所在。然而，要在絕大
多數與極少數精英之間取得平衡，這件事並不容易。

儘管往裡跳，但別溺水

　　塔爾・班夏哈（Tal Ben-Shahar）是卓越的幸福學大師，
他曾在哈佛大學教授正向心理學（positive psychology），
他的課名列哈佛校史上最受歡迎的課程之一。班夏哈從教
學經驗中發現，學生通常都討厭學校的功課，他提出兩個
模式來解釋學生的求學動機：「溺水模式」和「做愛模
式」。[21]

　　「溺水模式」是先受苦，然後因為痛苦解脫而感到鬆
一口氣，學生可能會誤以為那是一種快樂。假設你的頭被
壓在水裡，你會掙扎著抬起頭來呼吸。一旦頭露出水面之

後，你會感覺輕鬆，甚至會有短暫的快感。班夏哈說，這種受苦／解脫的循環，是自小學生階段起就一再重複的模式。這能夠說明為什麼大多數的年輕人，會把學校課業和極度痛苦與短暫的間歇性紓解（如週末放鬆）聯想在一起。近期在法國所做的調查證實，有近四分之三的學生不大喜歡或根本不喜歡上學，有 65％一再感覺到對失敗的恐懼，有近 70％有時不明白上課是要做什麼。[22]

　　班夏哈的第二個「做愛模式」，是學生覺得學習很有趣，進而產生上學的動機。只要教法得當，閱讀、研究、思考、問問題和找答案，是能夠帶來滿足感甚至快樂的活動。學生需要學會在實際的學習過程中找到樂趣，而不是把上學想成是一種痛苦，因此極力想要逃避。

　　父母望子成龍、望女成鳳，這種態度也可能會帶給孩子壓力。對父母而言，子女拿到好成績可能比快樂學習更為重要。即使孩子所學與個性、能力或志趣不合，父母可能還是不願意讓他們另闢蹊徑。

　　班夏哈說，要促進孩子擁有幸福人生，我們應該引導他們走向會帶來意義和快樂的路途。無論孩子有什麼抱負和熱情，幫助他們明白自己的選擇有什麼優缺點非常重要。在學生衡量過各種選項後，家長和老師應該鼓勵他們走上

自己選定的道路。這大致總結了丹麥教育體制的做法，所以它必定與我們舉世聞名的幸福有關。

我在新學年即將開始前的 8 月，在母校史科澤見到的學生，都贊成我的說法。他們即將展開最後一年的義務教育（9 年級），然後要選擇上高中，或是進行職業訓練。丹麥人的共識是，他們可以自由選擇前途，不會有父母或社會的壓力。

有個女生說：「在丹麥的好處就是，不必害怕追求自己想做的事，因為要是不小心犯了錯，政府也會幫助你重新站起來。」有些學生想選擇就讀生涯學校一年，以便更了解自己，並探究更有想像空間的職業選擇。在談到錢，以及錢會不會影響他們的生涯計劃時，學弟妹們的意見一致：寧願選擇自己喜歡的工作，而不是賺很多錢。

我個人的經驗是，隨便我想要讀什麼，父母一定支持我的選擇。在我 9 歲時，我跟爸媽說，我要做丹麥的大使。他們仔細向我解釋那是什麼樣的工作，並強調在派駐倫敦或巴黎之前，我得先在許多遙遠的國家待過，而那些國家不見得是我夢想造訪的國度。

11 歲時，我認真想了許久，然後宣布我要改在旅館業工作。於是，父親安排我與城裡最高級的飯店的經理見

面，並要我事先準備好自己要問的問題。我們一起去見那位經理，我對她提出所有想問的問題。她解釋，在旅館工作是一種生活方式，並非傳統觀念裡的職業。「做這一行，週末和晚上都要上班，所以妳一定要熱愛它，才能做得愉快。」

我考慮過去國外就讀旅館學校的可能性，但是因爲太貴，所以放棄這個打算，另外找一條或許適合我的出路。替自己尋找適當的行業並不容易，需要許多時間和意志力才能達成目標。倘若國家的教育體制只是爲了培養成績好的學生，這件事就更難辦到。

在父母的信心與支持之下，我得以找到生命中確實想走的方向。最重要的是，他們眞心希望我快樂。我母親總是鼓勵我尋找自己的幸福，她支持我所有的決定，就算有時我的抉擇難免令她擔憂也不例外。

在旅館業工作，是我自小的想法。勇敢追求自己所愛，人
生才會快樂。

祕訣 3
我可以自由選擇生活方式：
自由與獨立

近 70% 的丹麥年輕人在 18 歲時離家獨立生活，
這多半可避免來自父母的社會壓力。

　　我得到人生第一份工作時才 9 歲，祖母告訴我，有家模特兒經紀公司在找女孩子去拍照。在我徵得父母的同意後，由母親帶著我去見經紀公司的老闆。結果，他要我替他們工作，而我對可以自己賺取零用錢這件事，感到非常興奮，但是我的模特兒生涯並未持續太久。

　　到了 13 歲（這是不必經過父母同意的法定最低工作年齡），我決定要找別的工作。奧胡斯醫院（Århus Hospital）裡的一家小店雇用我，所以我便推著堆滿報紙的小推車，在病房間兜售報紙給病人。那時，我經常推著推

車來回於病房的走廊上，一面喊著：「報紙，雜誌！」那份工作很有意思，我真的很喜歡每週兩次放學後去賣報紙，直到有一天，店長指控我偷走推車上的一本雜誌，我馬上辭職，並說如果她不信任我，我們就無法共事。我還記得，當我告訴母親自己的反應時，她有多麼驕傲。

給自己最好的禮物：設法變得獨立

我幾乎所有的朋友在晚上或週末都有兼職，丹麥 13 歲到 17 歲的年輕人，有將近 70%除了上課之外也在打工，17 歲以上的打工比例更是超過 80%。就算由於統計的方法有別，很難拿兩個國家相互比較，丹麥的比例仍然說得上是相當高。愛爾蘭、奧地利、芬蘭和德國，有 65%至 70%的大學生在學期當中從事有薪工作，比例不到一半的有西班牙（49%）、法國（47%）和葡萄牙（20%）。[1] 丹麥女生做的兼職工作多半是當臨時保姆、清潔打掃、烘焙店或報攤的售貨員，男生則是送報或在超市整理空瓶 —— 在丹麥，每個空瓶值一克朗，以鼓勵民眾回收不要亂丟。

根據丹麥青年研究中心（Danish Centre for Youth Research）的一項調查，[2] 年輕人打工的主要動機，是為了能夠自己負擔各種活動的費用，這樣他們從事活動就不必

家父、我與家兄賈斯帕。

一直跟父母要錢，那還得獲得父母的同意，因此可以享有
更多的獨立自主。這項調查也證實，出身富有家庭與一般
家庭的年輕人同樣可能去打工，這與父母賺多少錢無關，
只是丹麥年輕人想要某種程度的自主。

　　這種喜歡自給自足的精神不限於年輕人，它深深烙印
於丹麥精神中。我們有多看重獨立自主？哥本哈根市內的
自治區克里斯欽（Christiania），便是很好的例證。克里斯
欽區原是軍營所在地，1971 年自行宣布為「自由城」，最
初它只是少數藝術家和自由思想者的實驗，後來陸續有新
居民加入，便成為哥本哈根永久的一個區。

　　克里斯欽自由城有自己的法規，居民不必繳稅。根據
其成立的宗旨：「克里斯欽區的目標，是創造一個自治的
社會，每個成員都要為整體的福祉負責。」那是個充滿生
氣的地方，吸引很多人前來一探究竟，但它也不斷地引起
爭議，例如印度大麻在那裡可以公開出售。2006 年，當
地發生衝突，執政的右翼政府宣稱，這種另類體制違法，
更別說不公平了，因為其他的丹麥人每個都得繳所得稅。
2011 年政府終於與克里斯欽區的居民達成協議，允許他們
購買那片土地，並取得合法的居住權，[3] 這是丹麥人高度重
視自主權的最佳例證。

　　我自己尚未做到爲了追求獨立而遷往克里斯欽區的程度。我 15 歲時曾與最好的朋友，一起找到每週兩晚打掃一家會計師事務所的工作。那份工作本身不是特別有趣，但是待遇很好，在我做的時候，會編一些在那間辦公室上班的人的故事來自娛。有人整潔，有人雜亂，有人私藏甜食，有人會與同事分享。我從來不覺得這份工作難堪或低下，它跟別的工作沒有兩樣，非常適合賺點零用錢，而自己賺錢是保持獨立的關鍵。

　　18 歲時，我開始付家裡的房租，我很樂於有所貢獻，也覺得替母親分擔是天經地義的，因爲自從她與父親離婚後便成了單親媽媽。那年夏天考完期末考後，我移居巴黎。丹麥年輕人在 18 歲時離家尋求獨立很常見，根據歐盟統計局的一份報告，[4] 18 歲至 24 歲離家生活的人口比例，丹麥保有全球最高紀錄。這個年齡群組的人，在丹麥僅有 34% 仍與父母同住，在法國是 62%、英國 70%，西班牙和義大利則超過 80%。在 25 歲至 34 歲的年齡群組，丹麥人已有 98% 離開父母單飛。

　　不過，由此也引發了一個重要課題：我們應該如何善用這種自由？應該如何對待它？能夠選擇自己想要的人生、爲自己的命運負全責，當然很好，但它也可能令人卻

步。這是否能夠略為解釋，北歐國家有相對較高的自殺率？根據世界衛生組織（World Health Organization, WHO）統計，每 10 萬人的自殺率，芬蘭是 29 人、瑞典 18.7 人、丹麥 17.5 人。每 10 萬人口男性自殺率最高的國家是立陶宛（61.3 人）、俄羅斯（53.9 人）、韓國（39.9 人）和日本（36.2人）。相較之下，法國是 24.3 人、英國 10.9 人。自殺率最低的國家是科威特（1.9 人）和伊朗（0.3 人），[5] 但那些國家的生活可謂相當艱苦，自由也很有限。

　　美國存在著類似的現象。經濟學家以州為單位，抽樣調查了 230 萬美國人，詢問他們對自己的生活是否滿意。然後，他們拿調查結果來對照同一州的自殺率，最後得出：猶他州是全美國最快樂的州，自殺率排名第 9；夏威夷州的快樂度排名第 2，自殺率排名第 5。[6] 這會不會是因為當人們生活在滿足、正面的環境裡，也公開受到鼓勵，要找到人生最理想的道路，所以一旦活得不順遂就會怪罪自己，而不是推給環境不好？這個問題沒有簡單答案，它是一種非常複雜的現象，深植於一大堆關乎個人與集體的敏感議題中。然而，請思考這類議題，別裝作沒看見，這是很重要的。

穿運動褲的股東

丹麥年輕人的獨立，也受惠於學生津貼制度。如前文曾經提過，政府不分家長的經濟狀況，一律發給大專學生每月 760 歐元。再加上不必繳交學費，所以人人都念得起大學。[7] 這套制度使每個年輕人想念什麼就念什麼，不必考慮家長的收入。

我相信，這是丹麥社會流動率甚高的原因之一。每當談到社會流動，我們直覺上就會想到低收入家庭的子女，但它也能賦予富裕家庭的年輕人自由。你可能會問，為什麼學生津貼也能幫到已經處於優勢的人？原因很矛盾，因為父母的收入不完全保證孩子一定享有自由。

我很幸運，旅行過世界許多地方。我從中觀察到，全世界都一樣，優渥家庭的父母不免會強行要求子女接受他們選中的職業。既然學費是父母出的，他們就更可能強迫子女進入父母滿意的行業，所以經常敦促子女從事高社會地位的行業，好維持上一代已經獲得的專業成就及所得水準。我也注意到，在這類情況中，事業壓力往往伴隨著選擇伴侶的情感壓力，特別是女兒：父母多半想要引導子女去接近與自己社會背景相當的對象。

　　然而，這種事在丹麥極少見，因為社會階層的差異沒有那麼分明。聯合國開發計劃署（United Nations Development Programme, UNDP）已經證實，丹麥是世界上最平等的國家之一（後文會再討論這一點）。[8]人人平等，是丹麥最根深蒂固的價值觀，謙遜也是（後文也會談到）。這些因素降低了丹麥家長對子女前途施加的壓力，歐洲委員會（Council of Europe）最近有份報告簡潔指出：「完成高等教育的決定與父母背景的相關性，在丹麥是愈來愈低。」[9]

　　到了 11 歲時，我從短暫的模特兒生涯，已經賺得約 1,300 歐元。[*]雖然我父母長期是另一家銀行的顧客，我卻對他們表示，經過考慮，我打算到丹麥銀行（Danske Bank）開戶。我這麼決定的原因是，丹麥銀行的經理時常到我們家參加晚宴，哥哥和我一定會被請上桌，與客人一同用餐，而客人通常是父親法律事務所的客戶。我有好幾次觀察過那個人，覺得他看起來非常認真，是管理我的錢的理想人選。於是，母親帶我去那家銀行的本地分行。我也動用一部分的錢，買了我第一批股票，因為我覺得當股

---

[*] 約為 45,172 台幣。

東聽起來，甚至比當存戶更刺激。

　　我承認，這是相當極端的行為，很少兒童會這麼做，但它說明了丹麥年輕人渴望獨立的情形。自己擁有銀行帳戶的丹麥兒童，人數出奇地多。我現在及小時候認識的丹麥孩子，大多數都擁有個人銀行帳戶。

　　丹麥的獨立文化也能給孩子翅膀，鼓勵他們變得更加勇敢。這或許也可以解釋，我為了爭取首次的正式工作面談，曾經做出相當莽撞的舉動。我在巴黎和哥本哈根闖蕩了兩年之後，決定該是時候回學校讀書了。某天早上，我翻閱丹麥財經報紙《柏森日報》，無意中看到一篇報導，描寫一位傑出的女性，她是丹麥某位大使的美麗女兒。拜她父親的工作所賜，她曾經住過世界上各個奇特的國家，文中還描寫她事業發展的各個階段，最後做到化妝品產業的高位。

　　就在不久前，她剛接獲任命為丹麥高端影音器材公司鉑傲（Bang & Olufsen, B&O）在法國的總經理。我對自己說：「哇，我也要像她一樣。我要請教她，她是如何辦到的。」於是，我查出她的電話號碼，打給她的助理。助理判斷，她的老闆沒有必要與打來的年輕丹麥女子通話，便拒絕替她轉接。結果，我每天打，連續打了一個月。有一

保持規律運動，也能增進快樂。

天，我終於把助理煩到受不了，她便讓我和她的老闆通話。
我向伊莉莎白解釋，我的志向和她的事業發展路線相同，
所以懇求她撥出 15 分鐘的時間給我。

伊莉莎白同意在聖丹尼平原（La Plaine Saint-Denis）
的辦公室見我，那裡就在巴黎的北方。在我們半個小時的
會面中，我告訴她，我想要替她工作，不支薪也可以，只
為了吸取她的經驗。她為了測試我的能力，便派我到里昂
國際商品展（Lyon International Fair）兩週，負責協助裝潢
為博物館風格的鉑傲精品設備攤位。她打算，如果我成功
達成使命就雇用我，所以我是這樣找到第一份正式工作的。

在商品展結束後，伊莉莎白給了我一紙在巴黎鉑傲公
司工作兼學習的合約。我報名去上行銷暨國際商務課程，
在巴黎和哥本哈根兩地交互住了三年。伊莉莎白是我完美
的事業導師，在我替她工作的那六年期間，她所教給我的
種種，為我奠下至今仍對職涯十分關鍵的基礎。

在這些關於零用錢和鍥而不捨的小故事背後，隱藏著
更深一層的涵義，很能夠彰顯丹麥文化的精髓：從年紀很
小就放手讓孩子適性發展，並尊重他們的個性，相信即使
人生之路難免會有顛簸，仍可在成年後過著圓滿的生活。

著名的安徒生（Hans Christian Andersen）童話故事《小

美人魚》（*The Little Mermaid*），傳達的便是相同的訊息。
小美人魚必須挑戰父親的權威，才能夠追求自己的真心，
最後在陸地上找到幸福。安徒生童話的另一個故事《醜小
鴨》（*Ugly Duckling*）也是如此，醜小鴨必須接受自己與
其他家人長得不一樣，才能夠真正地做自己。這是丹麥人
幸福的根基之一：可以隨心所欲變成自己想要成為的人。

哥本哈根著名的美人魚銅像。

祕訣 4
我可以成為自己想要做的人：
機會均等

全球社會流動率最高的國家其實是丹麥。

　　下列這句話或許會引起爭議，但我還是要毫無保留地說出來：所謂的美國夢，其實是丹麥夢。首先要問，究竟什麼是美國夢？美國夢是一種美好的概念：不論你的起步點如何，每個人都可能靠自己的力量成功。比較不浪漫的說法，就是經濟學家和社會學家所說的「社會流動」（social mobility）：下一代有能力過得比父母輩更好，至少是過得不一樣。這種社會流動與前文討論過的個人自由獨立的觀念，有著密不可分的關聯。

哥本哈根小故事

OECD 一項研究指出，[1]在丹麥等北歐國家攀爬社會階梯，比在法國、義大利、英國，甚至出人意料的美國，要容易得多。是的，美國的社會流動，沒有你想像的那麼流暢。依據「蓋茲比曲線」（Great Gatsby curve），它反映的是社會不平等與跨世代社會流動的相關性，[2]美國遠落後於法國、日本，當然還有丹麥之後。

那麼，造成社會流動率高或低的，是什麼因素？OECD 的調查結果指出，在較平等的社會，世代間的社會流動率通常比較大。事實上，丹麥的社會福利與稅制，具有很高的財富再分配作用；也就是說，其目的在於縮小最低與最高所得者之間的差距。後續章節會更完整地討論這個主題。

OECD 也十分強調教育政策在促進社會流動上的角色。如果制度有利於教育普及，像是對有需要的學生提供財務援助等，可以大幅度增加均等的機會。在學生人人享有補助的國家，如丹麥等，出身弱勢家庭的孩子比較有機會上大學。

話雖如此，社會流動依舊是丹麥政府最重要、最敏感

的政治議題之一。即便我們在這方面是全球排名屬一屬二
的國家，但是社經背景在個人成就或教育程度上，仍是一
項決定性的因素。

　　在我大約 8 歲時，父母決定送我去讀私立學校。2012
年，丹麥有 537 所私立學校，1754 所公立學校，其中 436
所是專門學校。這些私立學校有 87％的經費來自政府，
學生家長也要負擔一些，每個月要繳交相當於 150 歐元至
200 歐元的學費。*

　　我就讀的私立學校名為「家長學校」（*Foraeldreskolen*），
學生多半家庭環境優渥，但每班都有兩、三個學生是靠獎
學金就學的，亦即他們的父母不必支付額外學費。我讀的
那一班，同學的社經背景組成相當不錯。

　　當時，跟我最要好的同學，家庭狀況算得上是艱困。
她與父母和妹妹，同住在一間小公寓裡，日子過得並不輕
鬆。儘管家庭背景不同，卻絲毫影響不了我倆的友誼。
我同學的母親喝很多酒，我長大後回想起來，她可能已經
到達酗酒的程度。雖然法律禁止賣酒給未成年人，但我同
學卻三不五時要我們到超市去幫她買一瓶馬丁尼白香艾酒

---

* 約為 5,212 台幣到 6,950 台幣。

（Martini Bianco）。

　　到了我們 14 歲左右，我同學的父親宣布出櫃，並表示要搬出去跟男人同居。那時，她眞的度日如年，不僅在家裡，在學校也是一樣，因爲她害怕其他同學的反應。我記得，當時老師特別叮嚀我們，務必要盡最大努力幫助她。後來，我倆都被奧胡斯市中心的同一所高中錄取。

　　理論上，不分家庭環境，我們都享有相同的受教機會和財務援助，所以成功的機會也應該一樣。但我說的是「理論上」，因爲儘管機會均等，她卻未能念到畢業，最後必須靠打各種零工來糊口。後來，我們失去聯絡，所以我不知道她現在人在哪裡，但我希望她已經找到通往幸福人生的道路。

　　以上種種是爲了說明，即使社會提供每個人同樣的財力機會，在成功這件事上，也無法保證完全平等。出身弱勢背景，或許是因爲心理或情緒問題，或許只是因爲缺乏支援、資訊或視野，有可能會導致無法順利完成學業，所以成功之路仍可能走得跌跌撞撞。

你是說百萬富翁嗎？

　　我們再回到美國夢的議題上。假使把美國夢解讀爲變

成百萬富翁，那就要另謀地點，因為丹麥並非致富的上選
之地。這基於很多理由，如同前文所說，丹麥稅制在於重
新分配所得，教育制度不偏重優秀學生；另外，還有很簡
單的一點，丹麥文化不把錢放在第一位，這點後文再談。
在丹麥，想要成為百萬富翁，確實需要有革命性的構想，
至今仍是如此。

2011 年，在丹麥 560 萬的總人口當中，有 6 萬人的所
得超過百萬克朗。[3] 其中，有多少比例是原本家世就很好的
人，我找不到任何可靠的統計數據。但是，根據我的經驗，
我所認識賺很多錢的丹麥人，絕大多數都來自丹麥人數眾
多的中產階級或是更底層，他們賺的錢都比父母多。

為了進一步研究，我聯絡了哥本哈根最大的法律事務
所之一，那裡的每位合夥人年收入都超過百萬克朗，是著
名的「1%」俱樂部的成員。答應見我的合夥人，來自工人
階級的背景，在日德蘭（Jutland）小鎮長大。[4] 他的豪華辦
公室俯瞰著海洋，我們在其中一間漂亮會議室裡見面。

這位合夥人很友善、熱絡、樸實、悠閒，是丹麥特有
的社會流動的完美體現。他說：「如果我生在別的國家，
我想，我可能不會有今天的成就。不管我從哪裡開始，我
都有機會做自己想做的事。多虧了我們的補助制度，我甚

站在抉擇邊緣，一邊是快樂、另一邊是不快樂，
學會接受並面對人生中的各種好壞時刻。

至能夠不負債就讀完法律課程。」

　　他估計，他們事務所約 20% 的合夥人出身富裕背景，但絕大多數約 60% 是中產家庭出身，其餘 20% 則來自確實不好的家庭環境，為了克服處境較差的社經背景，他們必須比別人更努力一點。這位律師面帶笑容地說：「我的動機，從來不是為了要賺很多錢，而是要做自己喜歡的事業。」不過，他也承認，金錢帶給他自由；對於繳交很高的稅，能夠回饋國家以往給他的各種照顧，他也感到自豪和高興。

　　人們經常以為在大學念法律的人，主要都是來自優勢背景，或是家族中有相關職業傳統的學生。但是，我訪問的這位律師估計，在任何一班法學院的學生裡，只有 30% 的家世背景優於一般，其餘 70% 的人各種社會階層都有，最多是來自中產階級。當然，社會流動對中產階級來說，還是比底層容易許多，就算丹麥有慷慨、完備的福利制度，社會底層的人還是有更多障礙和更大困難必須克服。

　　在此，要特別說明一點，社會流動不見得一定是由下往上，由貧窮到富有。在丹麥人的觀念裡，社會流動主要是指：行事有機會獨立於長輩世代，能夠走出不一樣的路，以忠於自己的方式處世。不曉得各位是否知道《遠離非

洲》（*Out of Africa*）的丹麥籍女主角凱倫‧白烈森（Karen Blixen）？我們不能說她出身寒微，因為她家相當富有，但她用自己的方式，實際活出這個典型的丹麥信念：相信人有實現夢想的潛能，即便是一個危險或遭到誤解的夢想。

白烈森在 20 世紀初期，放棄中產階級的生活方式，離開丹麥到肯亞去開農場。如果以她回丹麥時所帶的錢，比出發時所帶的少很多來說，那麼她的計劃根本是賠錢貨。然而，在人生經歷、人道思想和靈感啓發上，她變得富有許多，也把這些分享給每個讀她書的人。

還有一個也許是更庶民化的例子，那是我最近與家人共度週末後，離開哥本哈根時，載我到機場的計程車司機分享的。他像同業經常做的，把自己的人生故事講給我聽。「那個，我說，我以前也是每天穿西裝打領帶，賺很多錢。但是，有一天我想到，幹嘛要這樣忙忙碌碌的，只為了追求地位和物質？」所以，他辭去工作開計程車，而且一開就是 10 年。他說：「我喜歡在丹麥有選擇怎麼過日子的自由。我想要的生活該有的都有了，現在我選擇活得更樸實，但是平靜。」

這是兩個典型丹麥人的例子。無論你的人生是怎麼開始的，條條大路通羅馬。

祕訣 5
我有實際的夢想：
務實的期待

丹麥人喜歡過簡單的生活，
極少對物質財富抱有很大的野心，

也很少夢想成為偉人或搶第一，他們只是順勢而為。

我從小就聽慣了這些說法：「要適度」（*alt med måde*）、「還不錯」（*ikke saa daarligt*）、「很好了」（*godt nok*）。這些說法反映出一種心態：一切都很好，即使不是最好，也還算過得去。對人生抱持著「務實」的期待，有人甚至會說「低度」期待，是丹麥人相當典型的心態。

克努特大帝，歐洲頂尖勇士？

在北歐維京（Viking）海盜時期，丹麥是歐洲版圖最

大、實力最強的國家之一。11 世紀在克努特大帝（King
Canute the Great）的領導下，丹麥王國包含挪威、瑞典南
部大片領土，以及英格蘭許多地方，但我們沒有緬懷國家
榮耀的風氣，也不覺得需要做到最好，以打敗其他對手。

　　丹麥從 13 世紀至 17 世紀，的確是世界一大強國，具
有相當大的影響力。舉例而言，它曾經征服波羅的海沿岸，
促成北歐的卡爾瑪聯盟（Kalmar Union）。[*]但在其後的
四百年間，丹麥打了許多敗仗，到 19 世紀，領土紛紛被瑞
典、挪威、普魯士和奧地利的軍隊掠奪，這一切使得丹麥
的國土縮小到今日不算大的程度。曾經有一段偉大的歷史，
然後失去一片片領土，這確實促成丹麥人對人生困境養成
務實的態度。

　　各位或許好奇，這些與幸福有何關係？答案很簡單，
由於丹麥人不期待獨占鼇頭、贏得讚譽，或是受到他人欽
羨，所以更滿足於現狀。之後，要是有幸多獲得什麼，或
是擁有不凡的天賦，雖然通常不大會誇耀這些事，但是喜
悅可能是千百倍的感受。一般而言，當我們不抱太大期望
時，最後獲得驚喜的可能性會比較大，因此會更加快樂。

―――――――――――――――

[*]1397 年至 1523 年，包含丹麥、挪威和瑞典。

反之，若是期望愈高，最後卻常常因為人或事不如理想，而感到失望。

許多歐洲國家，如德國、英國、法國和西班牙，都擁有豐富的歷史，不時出現重大勝利、長時期的強盛，以及足跡遍布世界各地的殖民時期。美國也不例外，它位居世界超級強國已經很久，像這種文化必然容易催生偉大的夢想，就個人的角度也是如此。然而，一味地追求最好、最優秀，失望將是在所難免的事。

我們可以從丹麥的過去，了解丹麥人對未來擁有務實看法的原因。也許，就像我們的獨立觀一樣，這可能與基督新教文化的影響有關？如同其他北歐國家，新教教義很早便在丹麥生根。宗教改革運動在 1520 年代傳到丹麥，到 1536 年克里斯蒂安三世（Christian III）繼位後，路德教派（Lutheranism）成為丹麥國教。

不過，緊張和對立依舊存在，保守派與改革派多次起伏，直到宗教自由最後明文載於 1849 年的憲法。但新教文化還是在丹麥精神上留下印記，在目前 560 萬的丹麥人口中，信奉基督的人約占 85％，其中有 450 萬人是新教徒，天主教徒現在只有不到 1％。

有很多重要的丹麥歷史人物都是新教徒，包括 16 世

紀天文學家第谷・布拉赫（Tycho Brahe），以及知名
作家如安徒生、凱倫・白烈森與索倫・齊克果（Søren
Kierkegaard）等。因此，新教傳統可能是我們務實主義觀
念的成因之一。

著名的德國經濟學家暨社會學家馬克斯・韋伯（Max
Weber），在其著作《新教倫理與資本主義精神》（*The
Protestant Ethic and the Spirit of Capitalism*）中，提出的正
是這種觀點。韋伯主張，新教信仰會導致某些行為，如紀
律和節儉等，從而產生容易滿足、不揮霍和工作勤奮等傾
向。他的論點引發諸多討論，也使人對丹麥人務實的源頭
產生有趣的疑問。

喜上雲霄

1992 年 6 月，數十萬的丹麥人湧上街頭，全國都沉浸
在無比的興奮中，因為丹麥國家足球隊剛贏得歐洲冠軍。
這支球隊原本連參賽的資格都沒有，在最後一刻才被徵召，
代替因發動戰爭被取消資格的南斯拉夫隊。

當時，有成千上萬的丹麥人，在臉上畫著紅白國旗的
圖案，前往瑞典為丹麥隊加油，其餘國民則是守在電視機
前。當現場奏起丹麥國歌時，你在街上也到處都聽得到在

唱國歌《有一處好地方》（*Der er et yndigt land*）。我們這種小國是靠什麼，打敗了像德、法、荷蘭那些歐洲頂尖強隊的？

那次的意外勝利，很能夠反映不慌不忙的丹麥人，是如何面對期待的（甚至沒人抱持贏球的念頭！），以及大家是有多麼地謙遜。那些精神，都是丹麥人重要的生活態度，祕訣 9 會有進一步的討論。那次足球隊的勝利，甚至可說是自二次大戰結束後，丹麥史上最快樂的時刻之一。舉國歡樂的程度，使得有些研究丹麥幸福的專家推測，對丹麥人十分罕見的歐洲盃冠軍頭銜，說不定至今仍然產生效應。

2006 年，發表於《英國醫學期刊》（*British Medical Journal*）的一篇論文，再次顯示丹麥人是歐洲最快樂的人民。[1] 那篇論文的作者們，引用英國萊斯特大學（University of Leicester）的「世界幸福地圖」（World Map of Happiness）與歐盟官方民調「歐盟氣壓計」的年度調查指出，有 66％ 以上的丹麥人表示「對自己的生活非常滿意」，而其他歐洲國家「非常滿意」的平均值是 50％，有不少國家徘徊在 33％ 上下。這沒什麼新意，因為我們已經知道，丹麥幾乎每次都名列全球最滿意生活的國家之一，但這篇

論文的獨特之處在於結論：造成這種高滿意度的一項主因，是丹麥人的「低期待」。

　　不僅如此，這篇論文也對丹麥人的幸福，提出與足球有關的解釋。文中回顧，丹麥曾經長期一直吃敗仗，自1066年在英格蘭戰敗開始，陸續失去瑞典、挪威、德國北部、丹麥西印度群島與冰島。論文最後提到，除了1992年歐洲盃的優勝，丹麥已有數百年未嚐過勝利的滋味。因此，那次獲勝造成的效應，至今仍可解釋，至少是部分解釋，為什麼丹麥人如此滿足。這項結論雖然有其說服力，但在1992年之前，已有不少研究發現丹麥是世界上最幸福的國家，所以要為它辯護是有點困難。

　　我們不如把足球放在一旁，只專注在《英國醫學期刊》那篇論文的主要論點：是的，期待愈少，會使人更快樂。不過，有一點要說明白：務實，並不代表沒有夢想或理想。針對這點，前文提過的哈佛正向心理學教授班夏哈說得很好，他認為，把現實主義（腳踏實地）與理想主義（天馬行空）當成對立的兩面看待，是沒有道理的。

　　班夏哈說：「理想主義者是最深層的現實主義者，那是對我們真正的本性現實」，[2]因為「人類被塑造成需要自己的生命具有意義。」如果人類缺乏終極目標，沒有可追

年輕的我，為了幸福在巴黎奮鬥。

隨的明星或可挑戰攀登的山峰，便無法實現幸福的潛質。當然，這並不是說，幸福意指抵達顛峰；務實代表享受努力的過程，同時承認並接受一路上接踵而至的障礙。

　　這種「務實的理想主義」，在我面對困難挑戰時，幫了我不少忙。從小，我就夢想要住在巴黎，它是文化、美食、哲學及生活藝術之都；簡言之，它就是我夢想的美好人生。但是當我 18 歲，獨自來到這座「光明城市」（City of Light）時，只會區區幾句法語，唯一知道的聯絡地點是丹麥教會──沒錯，我發現，生活並不如想像中那麼美好。

　　所幸，我的理想主義並未棄我而去。我想要愛上巴黎，也想要巴黎回饋我的愛。是我的務實態度，使我熬過在地鐵哭泣，以及對這異國人民或文化完全不了解的那漫長幾個月。我內心深處明白，我還年輕，缺乏生活經驗，必須為了在巴黎的幸福繼續奮鬥。

　　當時，我在有兩個小女孩的家庭，幫忙家務以交換住宿。我在一棟沒有電梯的大樓 8 樓，住在大約 3 坪大的傭人房裡，從早上 8 點工作到晚上 8 點。那段日子與我在丹麥的舒適生活相差十萬八千里，我過了四個月經常哭泣的日子，我母親決定一路開車到巴黎把我帶回家。

　　家母對我說：「寶貝，妳已經很了不起了，證明自己

很勇敢、很堅強。但是,沒有道理要過得這麼不快樂。」我告訴她:「我知道這條路不好走,但我在追求自己的夢想。我要等到在巴黎過得快活時,再決定要不要離開這裡。」之後,她開車走了,留下「務實理想主義」的女兒,安排自己的生活。

精神治療師希爾維·戴儂保(Sylvie Tenenbaum),在2007 年的著作《幸福依舊遙遠嗎?》(*C'est encore loin le bonheur?*)如此說道:「有一種急切的需要,是一勞永逸地放棄童年與青春期的幻想,還有那些實現不了的夢想。但那只會妨礙你的人格發展,阻礙你發揮一直沉睡著的潛能,你必須能夠把必定會使你脫離現實的一切拋諸腦後。」

某次,我跟一位非常有智慧又明理的朋友,談論彼此將來的計劃,也討論如何改變自己的人生。她說得很好:「無論發生什麼事,人生永遠是一個挑戰,只是我們時常想要改變那是什麼樣的挑戰!」

祕訣 6
見到你好，我會更快樂：
尊重他人與團結

絕大多數的丹麥人贊成高賦稅，
也深深擁護福利國家。
只要人人都盡一分力，分享使他們感到快樂。

　　傳聞在二戰打得最激烈時，丹麥國王克里斯蒂安十世（Christian X），曾配戴象徵與猶太人站在一起的「大衛之星」（Star of David），[*]騎馬行走於哥本哈根的街頭。

　　實際上，並沒有照片或資料來源，可證實此一英雄之舉。再者，丹麥的猶太人從未被迫配戴「大衛之星」。這則傳聞似乎來自 1942 年在倫敦刊出的一則電訊：「當丹

---

* 藍色 6 角星形圖案，是猶太教和猶太文化的標誌。

麥國王得知，德國人打算強迫猶太人戴上黃色的『大衛之星』，他公開表示：「果真如此，我會在軍裝別上它，也會命令隨從這麼做。」

雖然這是一則來歷不明的報導，卻依舊反映出一個重點：團結是丹麥人典型的心態和文化特徵，而且不僅對本國人如此，在對外的關係上也講究團結。無論丹麥國王有沒有別上「大衛之星」，丹麥人民在二次大戰期間，曾經盡一切所能保護猶太人。特別是丹麥反抗軍籌劃過一次救援行動，由漁民用渡船將大約 7200 名猶太人（總人口數為 7800 人），運送到中立國瑞典的安全地帶。[1]

丹麥地下組織（Danish Underground），是以色列猶太人大屠殺紀念館（Yad Vashem）「國際義人」（Righteous among the Nations）名單上，全球唯一受到集體表揚的團體。同享這份榮譽的，是兩萬五千多位在勇氣、慷慨和人道上有特殊貢獻的個人。[2]

疲於繳稅？

這種國民的團結精神，可從丹麥人大力支持本國的稅制獲得證明。2012 年，一項針對兩千多名丹麥人所做的調查證實，他們認同福利國家，也願意透過課稅支應社福經

費。[3] 有 70％的丹麥人，對自己所繳的稅與國家相對提供的服務感到滿意。年收入不到 20 萬克朗的最低所得者，[*] 滿意度上升至 80％以上。僅占總人口略多於 1％、年收入超過百萬克朗的人，滿意度下降至 40％。[4]

丹麥稅收占國內生產毛額的百分比，為全球最高，達 48.1％，而 OECD 各國的平均值是 34％。相關調查顯示，法國 2012 年的總稅收約占國內生產毛額的 45％，在各會員國高居第 2 位，而英國占 35％，美國則名列倒數，僅占 24.3％。[5] 丹麥的邊際稅率為 56.2％，也是歐洲最高的國家之一，適用於年收入超過 39 萬克朗者，[**] 而丹麥人的平均年收入為 28 萬 7 千克朗。[6] 根據丹麥稅務部統計，有 14％的人口繳交邊際稅率。

稅率雖然這麼高，但丹麥人沒有繳稅疲乏症（tax fatigue）。僅 20％的丹麥民眾認為自己繳太多稅，而認為稅率公平的人占了 66％，還有 12％的人認為自己繳的稅不夠多！[7] 這足以顯示，大家都相信政府會妥善運用稅收於公共服務、教育、醫療保健及交通基礎建設上。有 61％的

---

*約為 94 萬 8 百元台幣。

**39 萬克朗約為 183 萬 4560 台幣，28 萬 7 千克朗約為 135 萬台幣。

丹麥國王克里斯里斯蒂安十世

丹麥人甚至表示，如果減少要繳的稅，他們會不高興。

　　我在法國的銀行理專，有一天打電話給我。「希達樂女士，我需要趕快見您一面！」我嚇了一跳，因為我和銀行的關係一向良好，也相當善於理財。我回答：「喔，為什麼，有什麼事？」她用非常嚴肅的口氣告訴我：「我發現，您繳的稅實在是高得不像話。我有一些方法可以節很多稅。」我驚訝地說：「真的嗎？但是我報的稅很清楚，我不認為⋯⋯。」

　　「恰好相反，希達樂女士，」她堅持道：「如果您到海外某座島嶼買棟房子⋯⋯。」我打斷她：「讓妳費心了，但是妳也知道，我在法國住得很好。我很願意繳稅來支持法國的社福制度，即使是很高的稅也無妨！」她一時啞口無言，過了一下才回過神來。「希達樂女士，您真的很幽默！別人經常開我玩笑，但沒有一個比這個更好笑的了！」

　　如同這則趣聞所反映的，我的態度是歐洲或世界其他國家的人並不認同的，而且差異滿大的。以法國為例，72％的人覺得自己繳的稅太多，74％的人認為自己對社福制度的付出，多過從中獲得的好處。88％的法國人認為，政府對稅收運用不當，更有近半數（45％）認同為了少付稅而移居國外的人。[8]

在西班牙，有九成人民認為稅制不公平，有近 67％覺得他們得自國家的，少於他們所繳的各種稅捐。覺得就整體而言，人民得到的福利很少，或是不及自己所繳的稅的人占了 70％。[9]課稅在美國也是爭議不斷的話題，而且美國的稅制很特別，是以公民身分、而非居住國為標準，所以美國人不管住在哪裡、在哪裡賺的錢，都必須向美國國稅局（Internal Revenue Service, IRS）申報。假設在居住國繳的稅低於在美國應繳的稅，還必須把差額付給美國國稅局。[10]

近年來，美國財政政策的變革提高了稅負，也給國稅局更多權力去追討個人與企業未繳的稅，使旅居國外的美國人無從僥倖逃稅。結果是，有愈來愈多的美國人選擇放棄公民權。根據美國政府的每日公報《聯邦公報》（*Federal Register*），2011 年有 1781 名美國人放棄公民身分，較 2010 年增加了 16％。[11]當然，以美國的國外僑民多達 500 萬人來說，這個數字微不足道，但仍然比 2008 年高出七倍。

在我與銀行理專通話後過了數週，某天我到朋友家中吃晚餐。用餐到一半，朋友的先生，一位成功的生意人，開口道：「我在法國沒有繳過一毛錢的稅。老實說，我不贊成繳稅，看看那些沒用的政客。」我不想引起激辯，所

以只有簡單說了一句：「但你這些年來賺了不少錢，我不知道有什麼稅都不必繳的方法。」他驕傲地說：「只要決心不繳，就一定有辦法。老實說，如果錢是那樣花的，我一點都不想掏腰包。」

　　我看著朋友的先生，對他的邏輯感到不解。「好吧！我同意，像稅率還有政治這些東西，確實有討論的空間。但是，你不覺得至少應該有貢獻一點點的義務嗎？畢竟，你享受到基礎設施、醫院、警察和司法體系的好處，那些總值得付出一些吧，對不對？」他看起來有點尷尬，於是改變話題。「我們談點別的好了。我前幾天去看了市政府主辦的展覽，真的很棒，而且完全免費！」

團結與公平

　　有一點要澄清，那就是丹麥人很樂於分享，但前提是人人都要付出，並且尊重制度，不可企圖白吃午餐或舞弊。

　　2011年，丹麥大選的競選活動正在如火如荼地進行中。左翼社會人民黨（Socialistisk Folkeparti, SF）的發言人歐希琳‧席柯克（Özlem Cekic）想要證明，即使在丹麥，貧窮仍然確實存在。她決定用失業單親媽媽卡琳娜的個案來舉證，她說卡琳娜的生活入不敷出，但仔細追查後發現，

原來卡琳娜每個月可以領到各種福利給付，總計淨額將近
1 萬 6 千克朗，*而且在支付所有開銷（包括買菸）後，仍
剩下 5 千克朗的可支配所得。

　　這個案子引發醜聞，因為「可憐的卡琳娜」靠社福給
付，每個月領的錢比有工作的人還多！媒體把它當做重點
新聞大肆報導，丹麥人民群情激憤，他們願意繳重稅，也
願意為團結社會的制度付費，但是不願意被訛詐。不過，
在這次事件後所做的民調發現，其實「卡琳娜效應」相當
有限，[12]認為社福給付太高的人只有小幅度增加（從 24%
升至 28%），有將近 60% 的丹麥人依舊相信，社福給付公
平，甚至不足。

　　這種尊重他人、只要大家都積極貢獻於社會的觀念十
分重要。現任社會黨政府以此為施政重點，特別強調要區
別有能力但不為者與有心但不能為者。一項新的改革，把
對 30 歲以下年輕人的失業給付，改為利用學生津貼來提供
財務支援。另外，領取社福津貼但具備工作能力的人，必
須從事公益活動，為鄉里奉獻（如清掃街道、公園和海灘，
或是協助老人等）。

---

*1 萬 6 千克朗約為 75,264 台幣，5 千克朗約為 23,520 台幣。

　　根據調查，80％的丹麥人支持這項改革。[13] 擴大來看，在同一項改革中，也對領取失業給付者實行更嚴格的條件。他們必須每週發出一定數量的求職信，並在求職網站 jobnet.dk 上登錄，以便就業中心的主管追蹤他們的求職狀況，藉此證明他們確實在積極尋找工作。如果失業者不參加面試、拒絕合適的工作，或是表現出求職不積極等的態度，相關給付就要受到重新審查。[14]

　　丹麥的失業救濟金制度的確十分慷慨，特別是對工會會員而言，但每個月需要繳付保險費。丹麥的失業者在前四年，平均可領到約原先收入73％的失業補償。相較之下，英國才33％；西班牙是前兩年約65％，後兩年25％；德國先是67％，然後逐年降低到37％；法國前兩年67％，後兩年30％。

　　不過，丹麥的高收入者無法依賴失業給付，因為無論原本的薪資是多少，它設有每個月總計1萬6千克朗的上限。總而言之，依靠失業救濟金過活，這件事在丹麥文化的接受度不高。從前文「懶惰羅伯」的例子即可看出，人人都必須盡一分力，才能確保社會公正平等。

對自己負責

　　幾年前，我曾經歷過一段事業前途的反思期。2003 年，我的生涯導師伊莉莎白離開鉑傲後，我進入截然不同的世界：廣告圈。那並不是我真正想做的工作，但我也有生活壓力。當時，我的職位是客戶經理，負責巴黎一家大百貨公司。我已經習慣伊莉莎白的管理風格，而新工作是讓我浸淫於一個新環境的人好機會，而且那家廣告公司不只法式，而且非常巴黎風。

　　在第一天上班時，有位高階主管把我拉到一旁，囑咐我次日要見的大客戶。他的開場白是：「呃……該怎麼說呢？妳明天要見我們公司最重要客戶的一級主管。」我心情愉悅地對他微笑，回答：「好的，我很期待！」但是他有點尷尬，繼續說：「為了確保一切順利進行，妳能不能不要表現得太『右岸』？*我的意思是，妳別誤會我喔，但是妳也知道，非常謹慎、低調的樣子，左岸人看得比較順眼。」

　　我以前從來沒想過，我是來自塞納河哪一岸這個問題，

---

*塞納河流經巴黎，以北的右岸多百貨公司及精品店，左岸多學校及文化機構。

所以我試著揣測他這句話意所何指。「如果我的理解沒有錯誤的話，您是擔心我的外表會讓客戶不開心，所以可能把會議搞砸？」他沒有答腔，然後我說：「我是丹麥人，所以照理說，我既不是右岸也不是左岸人。如果您希望的話，我可以穿得像從聖路易島（Île Saint-Louis）來的人，因為它就在河的中央。總而言之，我想我已經準備接受，我的外表可能不討喜的風險，如果這是這一行的行規，我寧可不要踏入，就此打住！」

後來，我的外表並未冒犯到任何人，這份工作教了我許多關於創意、人際關係和我個人局限的東西。它也使我明白，若是要追求圓滿的人生，它不是正確的事業選擇。

我決定跟幾個朋友談談，聽聽看他們的意見。「我上班做得不是很愉快，這個職業不適合我。我想，我需要轉換跑道。」朋友們一律回答：「當然，瑪琳娜，妳沒有錯。工作做得不開心，換工作比較好，人生苦短。」我很高興他們支持我，然後我說：「我知道，我可以找到其他工作，但一邊上班一邊找工作很難。不過，我又不得不這麼做，因為我需要賺錢付房租。」

他們全都訝異地看著我，並說：「妳說什麼？就跟公司談給妳資遣，再申請失業救濟金，這樣就有充分時間可

聖路易島

以思考。」我當然明白他們的意思，只是我覺得有點荒謬，因為是我自己決定要走的，還跟公司談終止僱用合約，要公司付錢給我？同樣荒謬的是，在我「思考」事業前途時，卻還領取失業給付，意思就是那段思考期要別人工作來養我。

彈性安全

有一個名詞，可以充分表達這種既慷慨又負責任的態度，即著名的丹麥詞語「彈性安全」（flexicurity）。丹麥的失業給付，一般公認是相當高的，但連帶定有明確的政策，鼓勵失業者找工作。同時，丹麥的工作保障低，表示在丹麥解僱員工，比在其他許多歐洲國家容易，花費也比較低。儘管如此，員工也比較容易很快就找到新工作，青黃不接的時期較短，並有財力支援。

根據 OECD 的調查，2012 年「僅」28%的丹麥失業者是長期失業，也就是失業超過一年。我們還可以做得更好，因為有些國家遠勝過我們，例如挪威 8%、瑞典 17.5%，而這兩國的制度也是基於彈性安全的模式；澳洲 20%、紐西蘭 13%。不過，也有國家長期失業者占總失業人口很高的比例，例如美國 30%、英國 35%、日本 39%、法國

40%、西班牙 45%、德國 47%、義大利 53%。[15]

　　丹麥用稅收來爲全民提供完全免費的醫療保障，這項基本要素顯然給予丹麥人很大的安全感；可惜的是，健康不必然會使日常生活過得更愉快，因爲大家已經習慣早上醒來「感覺良好」。這就是爲什麼人們常說，生過病的人才更能夠享受生活，因爲他們不會把健康視爲理所當然。

更開放的社會

　　團結也展現在社會對少數族裔的容忍及開放心態。1989 年，丹麥成爲全世界允許同性伴侶，享有「正式登記夥伴關係」的首個國家。2010 年，丹麥通過具登記夥伴關係的伴侶，有權領養小孩。丹麥新教教會也允許牧師爲同性戀伴侶主持宗教儀式，而且絕大多數的丹麥人都支持這項政策。

　　根據丹麥基督教主要媒體《基督教日報》（*Kristeligt Dagblad*）委託卡帕森調查研究公司（Capacent Research）所做的一項民調，63%的受訪者支持這些措施，僅 25%的人反對。2012 年，又通過一項新法律，正式取消婚姻的性別之分。

　　丹麥有關移民問題的辯論比較複雜。新丹麥人目前占

全國人口的 10%，他們與主流社會的融合始終引起爭議不休。極右翼的丹麥人民黨（Dansk Folkeparti, DF），在前次國會選舉中贏得 12.3%的選票，但丹麥人一般以容忍少數族裔著稱，所以要如何解釋這個政黨得到的支持？奧胡斯大學的比亞奇可夫教授認為，這種對外來移民的負面觀感，主要歸咎於媒體製造的「新丹麥人」形象，推測他們都在濫用社福制度。

　　的確，新住民比較常處於不穩定的經濟狀況。根據丹麥經濟政策研究機構兼智庫「勞工運動經濟委員會」（Economic Council of the Labour Movement, ECLM）2010年的調查發現，每六個「新丹麥人」就有一人失業，而其他丹麥人每十八個才有一人。然而，這並不表示，他們在統計上就會占更多社福制度的便宜。

　　極右派經常以媒體報導的負面個案，為新住民的爭議加油添醋，以支持自己的主張：「與其讓移民來到丹麥，不如在他們的家鄉幫助他們。」當丹麥人擔心，大家共享的國家建設及福利國家制度遭到威脅，他們的容忍度就會變得很低。前文提過，丹麥人非常信任彼此及體制，這使

---

* 約為 2,352 台幣。

得欺騙或濫用社福制度的行為更加不可原諒，不論做壞事者是「新丹麥人」或其他國民都一樣。

從闖紅燈到投票率

除了團結，丹麥人也真心覺得，對於國家建設，人人有責。國家建設若要成功，社會整體應該尊重規則，並表現某種公民意識，這點十分重要。

1997 年 11 月某日半夜，當時我是哥本哈根的一個學生，跟幾個朋友聚會後走路回家。那天晚上，天氣又冷又下雨，我忘了帶傘，整個人淋得溼透了。街上連個鬼影都沒有，但每次遇到紅燈，我都會停下來，等行人號誌轉成綠燈。在我等待最後一個紅燈時，遇到了一個人，他不解地看著又溼又凍的我，乖乖等待號誌改變。他問：「妳幹嘛不過馬路？已經一個小時沒有任何一輛車經過了！」

但我當時的態度，是典型丹麥人的作風。你幾乎看不到丹麥人亂闖紅燈，那非常引人側目，而且一定會有人跳出來指責，更別提可能會被罰 500 克朗了。[*] 不亂丟垃圾也一樣，這些原則在我們的文化根深蒂固，即使我在法國已經住了 19 年，每次要在紅燈時過街還是很不自在。現在我會那麼做，但每次都是緊張兮兮的。朋友們覺得我很好

笑，我也知道為什麼，他們從小就是左右看一看，只要沒有來車，就勇往直前過馬路了！

　　然而，丹麥人很在意這些小地方，因為個人的水準有多高，就反映出整個社會的水準有多高。這可能也是丹麥投票率如此高的原因，在最近一次的選舉中，投票率高達88％，超過 OECD 的平均值 72％（2012 年法國總統選舉的第二輪，投票率為 81％。）[16]

　　丹麥最富有的 20％人口，有 90％會投票；最貧窮的 20％人口，有 86％會投票。其間的 4％差異，同樣低於 OECD 的平均值：最富有與最貧窮選民的投票率相差12％。[17] 這證明幾乎每個丹麥人都盡到公民義務。在丹麥，幸福要人人都享有才算數。

祕訣 7
我要享受很多溫馨時分：
工作與生活平衡

家庭與休閒活動，是丹麥生活中很重要的一環。
丹麥人在下午 5 點左右下班，
以便與子女同享天倫。

時為 2010 年，丹麥前首相拉爾斯‧勒克‧拉斯穆森（Lars Løkke Rasmussen）身陷媒體風暴中。他因為個人因素，取消了與 80 位國際外交官的會議。謠言開始傳得滿天飛，有人說，他是待在家裡照顧扭傷腳踝的女兒。情況愈演愈烈，逼得拉斯穆森不得不召開記者會。

他否認有關女兒的傳言，卻明白表示，他固然極為認真看待總理的職務，但那只是一時的角色，他當父親卻會當一輩子。不久後，他帶著家人在學期結束前去度假，好

好地陪陪他們。

　　拉斯穆森的事件到最後，對他與選民的關係產生了正面影響，由此可見，丹麥人有多重視工作與生活的平衡。他們樂於見到治理國家的領導人，是一個有原則、把家庭擺在第一位的人。他們覺得，拉斯穆森說話很誠實，而且他的價值觀反映出大家的價值觀。

自由時間愈多，人民愈快樂

　　根據 OECD 最新調查，[1] 丹麥做到了各國最佳的工作與生活平衡。丹麥人每天平均有 69%的時間花在個人活動上，相當於略多於 16 個小時，而 OECD 的平均值是 15 個小時。法國排名第 12、英國第 23、美國第 29，土耳其、墨西哥及韓國殿後。丹麥員工上班超過正常工時的人僅占 2%，而 OECD 的平均值是 9%。

　　丹麥的社會及就業制度，也以促進工作與生活平衡為宗旨。如同其他許多歐洲國家，丹麥的上班族每年享有五週的有薪假。小孩子若是生病了，父母還可以有更多時間不上班——他們可以在家陪孩子一天，不算請假。

　　工作與休閒生活的平衡，也反映在丹麥的彈性工時上。有 25%的丹麥人對依照自身的生活型態來安排工作感覺比

家兄賈斯帕、家母和我。

較自在，認為這樣才能擁有平衡的生活。在丹麥的就業人口中，更有不少比例（17％），在家裡完成部分工作，以方便照顧家人。[2] 丹麥企業對此抱持著非常進步的態度，做父母的若是在下午 4 點下班去托兒所接小孩，沒有人會說什麼。

我最親近的女性丹麥友人，有小孩的都會這樣做，以便在孩子童年最關鍵的歲月能夠陪伴在身旁。她們和公司談好彈性上班的時間，提早下班，回家照顧幼兒。我有個朋友最近剛離婚，她甚至在接完孩子後把他們帶到辦公室，以便能夠「平靜地」把工作做完（但我也不確定，有 4 歲大的女兒和 2 歲大的兒子在辦公室，能有多平靜？）父親們當然也不會置身事外，也是經常提早下班去接下午 5 點放學的孩子。

看到這裡，你可能會想到這點：嗯，這一切都很理想，但那些擔任要職而走不開的人呢？由丹麥各階層主管組成的非政治團體「領導人協會」（Lederne），曾對 10 萬名會員中的 1585 位做過工作與生活平衡的調查。[3] 結果不出所料，個人所負的責任輕重，會影響這方面的平衡。

有 60％的高階主管承認，他們有時必須在晚上和週末在家裡加班。但是，有 75％的人仍然認為，如何安排工作

日程掌握在自己手中；有 80％的人表示，可以隨意安排在白天的時間去看醫生；有 50％的人指出，甚至可以在上班時間處理個人私事。

總計，有 85％的調查參與者表示，他們對工作環境感到滿意或非常滿意；有三分之二的人表示，他們對自己的工作與生活平衡的情形感到滿意；只有 10％的人表示非常不滿意。在那三分之一對自己的工作與生活平衡表示不滿意的人當中，有超過半數表示正在考慮換工作，以取得工作與生活更理想的折中。

雖然丹麥在這些方面顯得比其他許多國家來得進步，但有些家庭明顯面臨著單親的壓力，因此無法兼顧生活各個面向的平衡。不過，領導人協會的調查證實，丹麥人十分清楚工作與生活平衡的重要性，也認為如果目前的情況不適合自己，可以自由加以改變。

自行車王國

平衡工作與個人時間，當然需要靠實際條件的配合。有專家指出，上下班所花的交通時間，也是整體生活滿意度的一項重要因素。提到通勤，丹麥人的排名也很前面，平均每天只花 27 分鐘，而 OECD 其他國家的平均值是 38

分鐘。[4]

由於丹麥人喜歡的交通工具是自行車，比較不需要擔心塞車或停車問題，因此享有更多彈性。平均來說，10 歲至 84 歲的丹麥人，每天會騎 0.47 次自行車，這大概等於每隔一天就會騎一次，而且有 46％的人以自行車爲上班或上學的主要交通工具。

這個數字在哥本哈根更高，有 50％的市民無論去哪裡都會騎自行車。我在那裡跟女性朋友一起出去時，她們全都穿著輕便的洋裝和高跟鞋，騎著自行車出現！即使是寒冷的 12 月和下雨天也一樣。不過，大家騎自行車並非爲了省錢，丹麥人不分經濟背景都會騎自行車，連政治人物也不例外——有 63％的丹麥國會議員是騎自行車到國會的。[5]

hygge：共享溫馨時光

那麼，有那麼多的閒暇時間，丹麥人都在做什麼呢？

丹麥的交通顚峰時間，是下午的 4 點到 5 點。大家陸續下班，有的去接小孩，有的去做自己喜歡的事。家庭與休閒時間，一般對丹麥人非常重要。吃晚飯的時間大約是6 點，全家人一起吃；相較之下，有些文化是孩子先吃、父母後吃，也有是家人各吃各的。

　　我最喜歡的其中一個丹麥單字是「*hygge*」，意思是「共享溫馨時光」。這有點難解釋，因爲在其他語文中找不到眞正對等的字詞。基本上，它形容的是某種溫暖、親密的感覺，丹麥人在許多情況下會用到這個字，而且一定是非常正面的意思。

　　共享溫馨時光，當然也與家人朋友間的聚會場合密不可分。比方說，在燭光滿溢溫煦、友好的氛圍中，大家一起享用晚餐或是喝幾杯啤酒。每年的 12 月，是丹麥最「溫馨」的月分，有數百萬的蠟燭照亮了每個角落，人們齊聚首，喝點加糖、加香料的熱酒，聽著耶誕頌歌。那眞是令人陶醉，溫馨時光幾乎少不了蠟燭。

　　「*hygge*」這個丹麥單字，對我們的文化重要到甚至有人專門研究這種現象，他就是南丹麥大學（University of Southern Denmark）社會人類學家耶普・卓伊・林奈（Jeppe Trolle Linnet）。林奈教授解釋說，「*hygge*」是丹麥人的共有感受，是我們團結精神的象徵。他也指出，共享溫馨時光的場景或因社交場合而有不同，但是不論怎麼安排，通常一定離不開吃喝。

　　林奈教授也觀察到可能會令非丹麥人吃驚的一點：如果布置或氣氛太過奢華，大多數的丹麥人難以體會到溫馨

113

感。[6] 這符合前文提過的丹麥價值觀，即對豪奢與賣弄會抱持一定程度的謙遜及保留態度。簡單地說，溫馨感必須單純，而且人人都能感受得到。也就是說，如果你想製造一些丹麥式的溫馨氣氛，別費心準備香檳或魚子醬。

聞名於世的北歐設計中，也帶有一分溫馨感。諸如經典大師安恩・雅各布森（Arne Jacobsen）和維納爾・潘頓（Verner Panton）等丹麥建築師和設計師，對此均有所貢獻。北歐式房屋的內部，通常舒適、美觀、易於親近，但不講究豪華。那是一種簡約之美，以天然材質、簡潔線條和實用設計為特色，讓人覺得自在、舒適。

當然，不是人人都住得起名家設計的房子──雖然瑞典品牌宜家（Ikea），已經讓一般人也買得起設計師家具──美觀、實用，並且兼顧友善、有朝氣的室內設計概念，對溫馨感還是很重要。

在我小的時候，每到晚上，母親就會點燃壁爐爐火和屋內四處的蠟燭。晚飯後，是全家人的溫馨時刻，我們會在一起看電影或下棋。我擁有充滿愛與溫馨時刻的童年，實在是非常幸運。

簡單、不豪奢，就能享受溫馨的氣氛。

把酒狂歡的問題

　　不過，話說回來，就算「共享溫馨時光」，又有那麼多的自由時間，可以運用在自己和親朋好友的身上，在全世界最幸福的地方，一切也不會都是完美的。丹麥的閒暇時刻，有可能淪為不愉快的情況，例如酗酒。我們不能對這個問題視若無睹，嗜酒問題挑戰著丹麥式幸福的概念。

　　我記得，大約是在 16 歲念高中時，曾經參加過一場舞會。從一開始，我就很排斥，因為那是化妝舞會，而我最討厭盛裝打扮。後來，雖然我們是在老師的監督下（但那並不表示他們贊同我們的行為），整場舞會卻變成酒精飲料充斥的濫飲。我不是故作清高，但我不習慣喝酒，胃容量也沒有那麼大，當晚舞會結束時，我發現自己連站都站不起來，更別說自己走路回家了。

　　當時，有輛計程車開過來，司機好心要載我去醫院。不幸的是，丹麥的醫護人員雖然對年輕人喝成這樣見怪不怪，但我一想到會被父母發現，他們還得來醫院接我，就覺得十分慚愧，所以央求死黨們把我弄出醫院。她們也稱職地「綁架」我，手腳並用地把我抬了出去。可想而知，那並非我青春期在奧胡斯最輝煌的一刻。幸好，那次經驗

的結局不算很糟，我只有翌日宿醉頭很痛。

　　年輕人在晚上一起出去狂歡之前，會先聚在家裡「暖身」一下，這是丹麥的常見習慣。其用意是先盡量拚命喝，喝得醉醺醺的，再去酒吧或夜店。雖然這種日子我有過不少歡樂時光，但這談不上是丹麥年輕人最健康的傳統。

　　當然，愛喝酒的不只有年輕人。根據「歐洲校園酒精暨藥物調查計劃」（European School Survey Project on Alcohol and Other Drugs, ESPAD），歐洲 15、16 歲的青少年，平均有 79％承認在過去一年內，至少喝過一次含酒精飲料，而「經常」飲酒（指在過去 30 日內至少喝過十次酒），比例最高的是捷克的 79％，最低的是冰島的 17％。

　　丹麥 15、16 歲的青少年，高居「經常」喝酒的第 2 名，有 76％表示在過去 30 天內喝過酒。其後的是德國 73％、希臘 72％、塞浦路斯 70％、法國 67％、英國 65％。[7] 而「在過去 30 日內曾一次喝很多酒」（即一次五杯以上）的，丹麥排名第 1，與地中海的馬爾他並列，高達 56％，遠高於整項調查計劃的平均值 39％。

　　在美國，儘管法定飲酒年齡是 21 歲，但 2011 年的《全美藥物使用及健康調查》（*National Survey on Drug Use and Health*）發現，12 歲至 20 歲青少年有 25％會喝酒，16％

會狂飲。[8]俄國最近一項調查指出,有多達 80％的俄國年
輕人喝酒。[9]姑且不論其他國家的情形,丹麥青少年的飲酒
問題始終令人擔憂,何況表示已有醉酒經驗的丹麥年輕人,
在歐洲各國的比例也是最高:85％。[10]

　　我們很難把飲酒多寡與幸福之間,建立直接的連結。
喝太多酒或許是不幸福的表徵,但酒精的作用不止於此。
飲酒也是文化與社會傳統的一部分,不只在丹麥如此,在
英、法等其他許多國家亦然。酒在丹麥的社交聚會和傳統
的地位重要,當別人請你喝一杯時,你如果拒絕,可能會
被認爲有點不識相,因爲依照丹麥人的想法,那帶有不友
善的意味。

　　這不只是道德問題,但像飲酒這類複雜問題,不大可
能三言兩語就解釋得清楚。在工作、個人生活和家人朋友
之間,享有平衡的餘裕,顯然是丹麥人幸福的一項關鍵因
素。但是,在享受溫馨團聚之樂的時候,有時眞的必須適
可而止。

熱愛國家

　　在丹麥,團聚不限於私人親友圈,它具有更廣泛的涵
義,涵蓋整個社會。丹麥人有全民同屬「一個大家庭」的

丹麥女王瑪格麗特二世

觀念，溫馨感由此而生，這種觀念反映於對國家、國家象徵及價值觀之愛。

舉例而言，我們很愛丹麥國旗「丹尼布洛」（*Dannebrog*）。國旗不僅象徵國家本身，也象徵我們所有的節慶。你可能會感到訝異，丹麥國旗在生日派對上無處不見，而且生日卡片上若沒有國旗圖案就不算生日卡片。

在絕大多數丹麥人的花園裡，不管家裡有什麼大小事，都能夠看到國旗在旗桿上飄揚。甚至在耶誕節的時候，我們也會用小國旗來裝飾耶誕樹。為了幫助各位想像那個場景，我還要補充一句：丹麥人喜歡手牽手，唱著耶誕頌歌，繞著耶誕樹跳舞（想必我們是世界上唯一會這麼做的民族）。

講到耶誕節，各位是否猜得出，丹麥最流行的耶誕禮物是什麼？答案往往令人目瞪口呆：內衣。沒錯，就是內衣，但無疑還有襪子，這些都是家人朋友間經常交換的禮物。其實，我對我的丹麥友人做過一次小小的調查，結果充分證實以上所言不假，大家都很清楚這個現象，也公開承認內衣和襪子是典型的禮物。

我有一位女性朋友，還提到其他有趣的禮物，像是她送先生掃把、她婆婆送她父親修鼻毛器等，這些也是每年

經常出現在丹麥人家耶誕樹下的其他典型禮物（雖然它們根本不是每個人最想得到的）。還有，馬鈴薯削皮器和壓蒜器也是熱門選項。

在我滿 15 歲那年，我和父親一起去採購耶誕禮物。我得老實說，我們選的東西了無新意，但給我們增添了不少笑料。我們決定豁出去，送祖父有圖案的男用內褲，送姑媽大尺寸的羊毛燈籠褲，送表哥除臭護足霜，送姑父一瓶 1.5 公升的松香古龍水，送另一個表哥漱口水——各位懂這些禮物的涵義。結果出人意料，這些禮物大受歡迎，而且我姑父說：「太棒了！這些東西都很實用。」

當然，每個國家各有團結其人民的傳統與節慶，丹麥在這方面很難說是獨一無二。不過，很確定的是丹麥人相聚的時間比較多：60％的歐洲人每週至少一次與家人、朋友及親戚共度時光，而丹麥人的比例是 78％。[11]

這種普及的人家庭觀念，也表現在丹麥人對王室的愛戴。雖然在丹麥這麼平等的國度，這可能有點奇怪，但是王室甚得民心，歷任國王一直是國家團結的象徵。丹麥民眾展現出壓倒性的支持，有 77％的丹麥人支持君主政體，僅 16％的人贊成共和政體。該比例比其他歐洲君主國高出很多，那些國家對王室的平均支持度約為 58％。[12]

付出，讓你更快樂

　　丹麥人也很愛集會結社，據說一個房間裡只要有三個丹麥人，他們就會組成一個社團。當然，這或許有點誇張，但丹麥人的確有這種喜好，因為他們成立了超過 10 萬個志工團體及各類組織。[13] 丹麥志工部門每年的估計價值，高達 1,350 億克朗，* 約占國內生產毛額的 10%。

　　丹麥人投入志工工作的時間多於其他歐洲國家，[14] 排名在芬蘭、瑞典、奧地利及荷蘭之前。不過，全球也有公認的志工領導國家，尤其是美國：根據美國聯邦政府統計，每年有近 20% 的人口（超過 6200 萬人）會從事志工，總共奉獻超過 80 億小時的服務，價值高達 1,730 億美元。[15]

　　我記得很清楚，小時候，我父親是好幾個運動協會十分活躍的會員。他熱愛所有運動，甚至當過丹麥國家手球隊的國手，在 25 場比賽中攻進 34 球。我估計，他大概有將近 25% 的時間都用在做志工，特別是在運動領域。

　　我母親在年輕時也參加了好多社團，她跟我父親一樣，當過幾年的童子軍，還自己成立過保齡球社。順道一提，我父母其實是在奧胡斯手球協會舉辦的派對上認識的，如

---

* 約為 6,350 億台幣。

果沒有這些協會，今天就不會有我在此向各位講述丹麥式的幸福。

　　至於我個人，我在 18 歲就離開祖國，所以談不上對做志工努力過什麼。不過，有幾年在過耶誕節時，我會打扮成小精靈，到當地的退休老人之家，用錄音機播放耶誕頌歌進行表演。我想，我的表演沒有什麼特別的地方，但觀眾中有不少聽障老人，所以反應仍然十分熱烈。

　　簡言之，我認為，把時間貢獻給家人朋友，並貢獻給你認同的團體及社會理念，是丹麥式幸福的另一項關鍵要素。

祕訣 8
我滿足於自己所擁有的：
與金錢的關係

丹麥人通常對錢看得很開，
大多數人不以致富為優先要務。

　　從前，有個企業家坐在巴西某漁村的海灘上。他看見一個漁夫，划著載滿漁獲的船抵達岸邊。企業家心有所動，就問漁夫：「你捕到這麼多魚，需要多少時間？」

　　漁夫答：「要不了多久的。」

　　「那你為什麼不在海上待久一點，捕更多魚呢？」企業家不解地問。

　　漁夫平靜解釋道：「這已經夠我養家活口了。」

　　企業家又問：「那你剩下來的時間在做什麼呢？」

　　漁夫說：「這個嘛，我很早就起床，到海裡捕些魚，

幸福好日子　*Heureux comme un Danøis*

然後回家陪小孩玩。下午，我會和太太睡個午覺，晚上我到村子裡跟朋友們喝一杯，我們整晚唱歌、跳舞、彈吉他。」

企業家想了一下，向漁夫提議：「我是企管碩士，能夠幫你賺大錢。你要延長在海上的時間，比現在長很多，盡量抓更多魚。等你存夠錢，就能買更大的船，捕更多魚。然後，你再買更多船，成立自己的公司和自己的漁獲加工廠。到了那時，你應該已經離開漁村，搬到聖保羅去。把公司總部設在那裡，這樣方便管理其他分公司。」

漁夫搖搖頭說：「然後呢？」

企業家笑著說：「然後，你就能夠過得像國王一樣。等你打出名號，就能把股票上市，然後會變得很有錢。」

「然後呢？」漁夫又問。

企業家說：「然後，等你終於賺夠錢了，就可以退休，搬離城市。你可以在某個漁村買棟小房子，在那裡一大早起來，捕些魚，回家跟孩子玩，與妻子恩愛地睡個午覺。到了晚上，再跟朋友喝一杯，整晚唱歌、跳舞、彈吉他！」

漁夫聽了很疑惑，便問道：「那不就是我正在做的事嗎？」

不向錢看，少點欲望

　　我很喜歡上述這則小故事，它的寓意貼切地表達出丹麥人的心態，丹麥人一般對錢財看得相當開。原因或許在於，擁有充分的溫馨時刻，比拿高薪更令他們快樂，而這點在前文已經提過。也可能是因為他們知道，丹麥的福利國家制度會照顧他們的基本需求，所以生活必需品不虞匱乏。對大多數的丹麥人而言，賺錢致富並非優先要務。

　　當我回到奧胡斯的母校史科澤，對大約 15、16 歲的 9 年級學生演講時，也討論到這種對於金錢的態度。那些學生多半家世背景很好，我想聽聽看他們對錢的看法。只有一個學生認為賺很多錢很重要，但是她也澄清說，她希望做自己喜歡的工作來賺很多錢。其他學生則是一面倒地希望，能夠找到既有意義、自己又喜歡的工作。

　　當然，你可以說我問得那麼直接，沒有人敢誠實回答：「為了賺錢發大財，我可以犧牲幸福。」話雖如此，每當我聆聽、觀察丹麥人時，並未留下他們拚命忙著賺錢的印象。從某種角度來看，因為社福制度的保障，他們已經自認為相當富有，至少是過得很好。就像前文提過的，丹麥人另有優先要務，例如維持工作與生活的平衡、團結，以

及自我實現等。

　　我訪談的學弟妹們，想必會認同已故英國哲學家兼作家艾倫‧華茲（Alan Watts）的理念。華茲針對「追求幸福」這項主題做過許多研究，並且受到東西方靈性教導的影響。他的主要結論總結於 YouTube 上一段很受歡迎的影片，片名是〈如果不以賺錢為目的？〉（"What If Money Were No Object?"）[1] 他傳達的訊息很清楚：找到自己真正想做的事，然後放手去做，無論那件事能不能保證你變得富有，因為任何其他路途只能通往可憐的人生。

　　華茲問：「何必把人生浪費在只是為了賺錢，而淨做些自己不喜歡的事物？為了生存而委屈自己？」想要活得幸福、快樂，最重要的是，要發掘自己熱愛的事物，並且鼓起勇氣走那條路。

了解自己想要什麼

　　我在廣告公司工作時，有一度徹底思索過個人的事業前途，最後我打算回歸基本面。我想找出自己究竟熱愛什麼，以便能夠忠於自我，在每天早上上班時都能夠感覺到幸福。我自問過許多問題，並回想起童年的夢想：旅館業。

　　我很清楚，在法國的制度下，轉換行業並不常見。但

是我告訴自己，我別無選擇了，因為有時最大的風險就是不去冒險。所以，我開始聯絡巴黎幾家豪華精品酒店。有一天，我在協和廣場（Place de la Concorde）上一家富麗堂皇的飯店內，遇見一位完美得沒話說的女士。我深深為她的性格著迷，願意不計代價替她工作。我甚至主動表示，為了追夢，情願減薪 40%。

　　雖然我們相談甚歡，她卻拒絕了我的提議，並說：「我真的很喜歡妳，但是錢到頭來，還是會影響我們的。當你早上 8 點就要到班，下雨天礙於收入不能搭計程車，也不能像過去一樣到餐廳吃飯時，不出六個月，妳就會討厭我。」

　　儘管我相信她的論點是來自豐富的生活經驗，而我的想法可能是出於經驗不足，但我並不同意她這麼說。不管誰對誰錯，我還是想在旅館業工作，不在乎可以拿多少薪水。後來，2005 年的夏季，我終於獲聘為國際連鎖豪華精品酒店羅萊夏朵（Relais & Châteaux）的傳播總監。

　　這個結果關係到我在前文提過的獨立自主：丹麥人幸福的首要關鍵，在於能夠充分地展現自我本色。丹麥最著名的思想家之一，19 世紀的哲學家、神學家兼詩人齊克果，所有的作品完全不離這個概念，那絕非偶然。齊克果的哲

"Le plus grand risque
reste pour moi de ne
pas en prendre"

Heureux Comme Un Danois

有時，最大的風險，就是不去冒險。

學極為豐富而複雜，但是有一個貫穿的思想：我們如何成其為人，我如何成為我自己？他認為，每個人都有義務去了解自己，去追隨本身的秉性。

齊克果寫道：「在獲得任何其他知識之前，人都必須先學會認識自己。直到由內在了解自己，看見該走的方向，個人的人生才會平和而有意義。……重點是找到人生的目的……關鍵是去發掘對我而言為真的真理，發掘我願意為之不惜生死的理想。」[2] 就此而言，很多丹麥人在不自知的情況下，正在實踐齊克果的哲學：他們重視開拓自我人生，多過重視建立投資組合。

家兄賈斯帕（Jesper），就是奉行這種哲學的好例子。他曾在哥本哈根商學院攻讀國際行銷與管理，第一年就到丹麥前幾名的網路設計公司當實習生，將來拿高薪不成問題，事業前景十分看好。在 1999 年，如果他想要成功，那份工作就是捷徑。但是，那家公司他只待了半年，做得並不愉快，因為他從日常的工作中找不到使命感。

我哥哥很有創意，也有創業的志向。他喜歡能夠照自己的意思，自由安排每天的時間，在他覺得處於最佳狀態和靈感最旺盛的時候去工作。25 歲時，他很喜歡出去參加派對，認識女生。所以，他決定幫他這樣愛社交的人，成

立一個社群網站。這兼顧了做他喜歡做的事與非固定的上班時間，一開始雖然困難重重（新創公司多半如此），但即便他沒有錢，前景有時看來一片暗淡，卻從來不曾放棄。

後來，他的網站擠進丹麥前十大最多人造訪的網站。他的公司變得很值錢，獲利不少，但是從臉書（Facebook）進入丹麥之後，他的網站在六個月內就陣亡了。大家變得只對臉書有興趣，再也沒有人想要用它了。賈斯帕以一歐元賣掉自己持有的公司股份，那接下來要做什麼呢？大家給了他許多所謂的「好」建議，都說些類似這樣的話：「能夠追求自己的興趣確實很棒，但現在該是成熟一點、認真做事的時候了！」或是「你何不像網路業其他人一樣，找份正常的工作？」

但是，家兄完全不考慮這些建議。他從小身體一直不大好，會過敏和氣喘，經常生病。所以，他決定尋找能夠改善健康的方法。他去看營養師，營養師建議他不要吃乳糖和麩質。這麼做的確有效，他覺得好多了，過敏和哮喘都消失了。

他花了好幾個月的時間，讀遍每一本他找得到的健康營養類書籍，並參加世界各地討論這類主題的會議。然後，他決定追求自己的這項新熱情：為大眾提供更健康、更天

然的食物。2009 年，他在哥本哈根開了第一家餐廳「42 度
蔬食」（42° Raw），供應不含麩質、動物脂肪或蛋白質，
以植物爲主的餐點。

賈斯帕目前在哥本哈根擁有兩家餐廳，他賺的錢依舊
不多，只夠維持「還不錯」的生活水準（但在丹麥的這種
水準，比起在世界其他地方的，顯然算是非常好。）他過
得很快樂，並且熱中於自己的事業。他的前途無量，此刻
正在做這輩子想要做的事。

金錢與幸福的關係

接下來，我們來看幾項可以證明國家富裕與人民幸福
有關的調查。以 2010 年的蓋洛普世界民意調查爲例，結果
顯示這兩者之間普遍相關。同樣明顯的是，在高度貧窮、
人民基本生存需求未獲滿足的國家，很難奢談什麼安樂或
幸福。

然而，在仔細探究之後，所得與幸福之間的關係，絕
非理所當然。首先，在富裕國家，所得不必然與幸福直接
相關，但國家的某些特點可能對人民福祉有幫助，例如民
主政治、有效的司法體系、沒有戰爭、國民享有個人自由
等。

賈斯帕與 42 度蔬食

　　其次，過去 30 年來全球財富的增加，對各國人口表達的幸福程度並無影響。第三，在檢視個別國家時，不見得都看得到兩者的相關性。舉例而言，美國的人均國內生產毛額在全球名列前茅（約 46,400 美元），[*] 但整體的幸福度在全球僅為第 16 名，單純的「滿意時刻」更是排到第 26 名。而紐西蘭的人均國內生產毛額（相當於 27,300 美元）[**] 只排第 51 名，在「滿意時刻」卻勇奪第 1 名；丹麥的人均國內生產毛額排第 7 名，整體幸福度卻是全球第 1 名。

　　總的來說，這項調查報告顯示，金錢確實會影響幸福，但主要以低所得階層為主。一旦跨過了某個門檻，當基本的生存需求獲得滿足之後，金錢對幸福的影響就很小，甚至為零。

　　為什麼如此？英國經濟學家萊亞德的解釋是，人有迅速適應新狀況的能力。[3] 他認為，物質享受的主要問題在於，人類很快就會習慣新的存在狀態。比方說，有人為了賺更多錢所以換工作，起初在收入剛增加時，會感到更快

---

[*] 以 2015 年 6 月的匯率（1 美元：31.11 台幣）換算，約為 144 萬 3,504 台幣。

[**] 依照上述匯率，約為 84 萬 9,303 台幣。

樂，但只能維持數週。在適應了新的生活水準之後，幸福度就會回復到原先的水準。

而且，所有物質東西的取得都不例外。無論是新房子或是新車，我們很快就會習慣，一開始的興奮感不久就會回復正常。有專家研究過，樂透彩得主的幸福感在短暫的興奮期之後，多半會回復原狀，有些得主甚至會陷入憂鬱當中。

關於這個主題最著名的研究，在 1978 年發表於《性格與社會心理學期刊》（*Journal of Personality and Social Psychology*）當中。[4]研究結果根據與樂透彩中獎者、非中獎者的控制組，以及嚴重事故受害人的訪談整理所得。起初，在得知中樂透這個好消息之後，幾個月內，中獎者的幸福感會激升，但之後就會恢復原狀。大致上說來，這項研究顯示，在過了幾個月之後，中獎者、非中獎者與嚴重事故受害人，在幸福感或者該說是安樂感上，幾乎沒有差別。

你希望每個月賺 5 萬或 10 萬？

為了解釋金錢與幸福的關係，萊亞德提出他所謂的「相對所得」（relative income）論。「相對所得」的原理很簡單：

只要鄰居賺的比你多，他就算是有錢人。在大多數人的眼裡，重要的並非絕對所得，而是自己與他人相比的相對所得。

　　萊亞德舉了兩個假想情況為例：一是你賺 5 萬美元，別人賺 2.5 萬美元；二是你賺 10 萬美元，別人賺 25 萬美元。他問哈佛大學的學生，他們願意處於哪種情況，絕大多數的人都選一。追根究底，對幸福感殺傷力最大的，就是與別人比較高下。在金融業，經常見得到拿天文數字分紅的銀行家們，他們要是知道有人拿得比自己更多時，就會感覺不開心。那同樣是「相對所得」遮蔽了事實，令他們感到不滿。

　　不是經濟學博士的人，也能明白這個道理：和他人相比，是產生挫折感最快的方法。除非你能擁有足夠的智慧，去比較財富不及自己的人，那或許能產生正面效果，讓你覺得自己幸運。可惜的是，大多數人都是往上比。比較會形成難以擺脫的惡性循環，因為人一旦達到自己期待的富有水準後，就會去找更有錢的對象來比。

　　當然，我們也不能太過天真。無可否認，有錢很好，而且假若一切條件相等，金錢能夠帶來更多自由。但問題是，大多數的人誤以為金錢能夠帶來快樂，而那往往只是

一場多還要更多的無止境競賽。安慰自己錢很少或是沒有錢，把它當成不快樂的理由，雖然能夠暫時安慰我們，掩蓋真正不滿的原因，但是當錢財源源而來時，我們卻依然感到不快樂，就不再有任何不滿的藉口，而那會引起恐慌。我們會禁不住自問：「我很有錢了，想買什麼就買什麼，但還是不快樂，問題究竟出在哪裡？」

有錢人的煩惱

在我寫作的期間，有次午休跟一位朋友一起吃飯，他在法國一家大企業擔任很重要的職位。這位朋友相貌堂堂，聰明過人，討人喜歡，又很有錢。他不是法國人，但住在巴黎。在我們見面時，他剛在第 8 區最時尚的某條街上，買了一棟豪華公寓。我這位友人周遊世界各地，在法國南部還有一棟房子。每次看到他，我都不禁心想：這傢伙日子過得真不錯，實在好幸運！

那天中午，在開始用餐時，我隨口問了一句：「最近如何？」這一問，引來了長達 65 分鐘抱怨繳稅的回答——沒錯，我真的有在計時！「唉，妳一定不相信，要繳那麼多稅，簡直就是一場惡夢……。」我試著保持正面的態度，為他打氣：「但是稅繳得多，代表你賺得多呀！有錢就可

以做想做的事，盡情享受人生！」他回答：「也對啦。可惜我沒有時間。」

　　我再次嘗試鼓勵他：「那你在南法那棟漂亮的房子呢？最近有沒有去？」他生氣地說：「提都別提！妳想像不到繳稅和維護它，要花掉我多少錢。而且不只這樣，大家都想南下去看那棟房子，我還得要招呼他們。」

　　我決定換個話題：「那你最近升職，高不高興？」結果，他臉上的表情難看到害我一時以為，他會拿盤子裡那尾可憐的鮭魚出氣！「簡直是糟透了！我周圍全是些蠢蛋。我連將來拿不拿得到獎金都沒把握，大家拚死拚活，不就是為了這個？」

　　最後，他以這句話結束了整頓午餐：「如果有錢，又不必煩惱這些鬼問題，該有多好！」我想，我絕對可以再說一次，而且應該不會錯：金錢，買不到幸福。

祕訣 9
我不認為自己高人一等：
謙遜

謙遜哲學陶冶出丹麥人一種可貴的克制觀念，
他們覺得有意義的是參與，不是獲勝。

　　哥本哈根的諾瑪餐廳（Noma）在 2010 年獲選為全球最佳餐廳，[1] 在倫敦舉辦的頒獎典禮，頒發了許多代表殊榮的獎項。諾瑪餐廳的主廚兼共同老闆雷奈・瑞哲皮（René Redzepi），決定帶著全體員工一起去領獎，也包括洗碗工阿里・桑可（Ali Sonko）。

　　直到出發的前一刻，出生於甘比亞的桑可才知道，他需要簽證才能入境英國，所以無法同行。大家因為不能與他同享光榮時刻而感到難過，便在倫敦上台領獎時，全體穿著印有桑可照片的 T 恤。

諾瑪餐廳員工

　　瑞哲皮對於自己的成功，態度始終很謙虛。他認為，這是每個員工努力的成果，他一向秉持著這種哲學。瑞哲皮甚至堅持，每位廚師要親自為老主顧端上自己做的菜，當然他們也各自嚐過菜單上的每道菜。此外，員工食堂的氣氛，跟餐廳本身的氣氛同樣重要。員工的餐點也按照同樣的標準，用最好的食材來準備。

　　2012 年，諾瑪餐廳連續第三年獲得全球最佳餐廳，那次桑可也一起到了倫敦，並且代表全體發表得獎感言。

詹代法則：「我們」比「你」更重要

　　你不必到諾瑪餐廳用餐（儘管那是美食的饗宴），也能掌握到丹麥式謙遜的精髓。只要讀讀丹麥裔挪威籍作家阿克塞爾‧桑德摩斯（Aksel Sandemose）在 1933 年提出的「詹代法則」（Law of Jante），[2] 那是根據簡單的謙遜哲學所定出的 10 項法則，許多丹麥人把它奉為行為準則，有點類似〈十誡〉（"Ten Commandments"），但特別強調謙卑。簡單地說，「詹代法則」是教人勿自視過高，勿好為人師。

　　這種哲學培養出丹麥人可貴的克制觀念，但它也並非毫無缺點，可能會抑制有才華者表現天賦，以致無法在丹

麥社會發光發熱。前文提過，丹麥的教育排斥精英主義，也會產生同樣的問題。有時不免令人覺得，在丹麥想要成功幾乎得靠運氣，因為沒有人期待自己出類拔萃，那不是你的主要目標，旁人也不一定會正面看待這種目標。對丹麥人來說，輸贏不是重點，參與更為重要。

在 1980 年代，丹麥的足球迷聞名於世，他們是丹麥國家代表隊的支持者，被稱為「roligans」，意思是「熱情又和平的足球迷」。這個單字是取自英文的「hooligan」，意思是「愛鬧事者」，因為足球迷為了賽事大打出手時有所聞，再加上丹麥文的「rolig」，意思是「和平；鎮定」，組合形成雙關語。

「熱情又和平的球迷」精神，以公平競爭和友誼為重，反對暴力侵犯。也就是說，觀賞精彩賽事、度過歡樂時光，比球賽的勝負來得重要。由於這種「重參與、輕獲勝」的態度，所以丹麥隊只要有一點點的成績，球迷們就會興奮不已。他們甚至因為 1994 年在歐洲盃期間值得效法的行為，獲得聯合國教科文組織的公平競賽獎盃（Fair Play Trophy），而這些都是一邊戴著北歐海盜頭盔，一邊無限暢飲著一加侖又一加侖的啤酒完成的。

啤酒與高品質音響

而且，不是只喝隨便哪個老牌的啤酒，當然要喝嘉士伯（Carlsberg）的，它的廣告詞是：「可能是世上最好的淡啤酒！」，正反映出典型的丹麥式保守陳述。丹麥人的謙遜處處可見，就連在宣傳產品時也不例外。當嘉士伯在倫敦展開廣告宣傳時，紐西蘭啤酒品牌世好（Steinlager）立即回以：「絕對是世上最好的淡啤酒！」

戰場轉換到美國，百威（Budweiser）則強調自己是：「啤酒之王。」在丹麥，廣告比較著重於產品「略有改進」或「略優於一般」，丹麥人也完全懂得如何解讀這些訊息的涵義，但若是在非丹麥人的眼中，那可能代表缺乏信心或軟弱。

鉑傲雄踞影音器材領導品牌已有多年，產品價格昂貴，經常比同類低價產品貴上十倍。在我於 1997 年到 2003 年在該公司服務的期間，曾多次見證公司團隊拒絕以奢侈品來宣傳產品。他們堅決認為：「不，它不是奢侈品，而是高品質精品！」這使得它在某些市場 —— 如法國 —— 的宣傳策略變得相當複雜，在法國把鉑傲定位為奢華品牌顯然比較有道理。

　　公司如此選擇，或許可從「奢侈」一詞在丹麥有負面
意涵來解釋。奢侈不僅是多餘、膚淺、虛矯、俗氣的，而
且會跟它聯想在一起的是炫耀，要表現得比別人強。我在
鉑傲工作時，它在丹麥的市占率爲 25％，考慮到它一套音
響售價約爲三千歐元，[*]這個比例是很可觀的數字。

　　我有不少朋友整個暑假都在打工，只是爲了想買鉑傲
的音響或電視機。但我們從來不認爲那是奢侈品，絕對不
會這樣認爲，它是高品質精品！儘管它獨占市場鼇頭，在
我服務的那段期間，卻從頭到尾沒聽過有人說鉑傲是「最
好」的影音設備公司。

手推車參加一級方程式大賽？

　　在我 19 歲時，在巴黎待了一年之後，決定回到丹麥首
都哥本哈根生活。那時，哥本哈根市區加上郊區的人口約
爲一百萬人，比巴黎少了很多。我想多給自己一點時間去
體驗人生、盡情享受自由，在開始攻讀商學課程之前，去
過相對無牽無掛的日子。

　　當時，我到勝利咖啡館（Café Victor）應徵工作，那是

---

[*] 約爲 104,244 台幣。

當時城裡最時髦的酒吧，是哥本哈根潮男潮女必到的「朝聖之地」。酒吧員工看著我這個從日德蘭鎮來的 19 歲女孩，彷彿我是剛進城的村姑，但他們最後還是雇用了我。

那時，我才發現自己不熟悉的丹麥另一面：哥本哈根所謂的「精英」，原來是酒保，他們自視甚高，而且幾乎是地方上的名流。想想看，丹麥社會的「最酷一族」居然是酒保，而它是其他文化可能被視為不長進的職業，真的很有意思！

當班數週後，我問他們我可不可以輪值週末晚上的班，因為每逢週五、週六的夜晚，哥本哈根精英中的精英都會群聚於此。領班酒保看著我，回答：「週末的值班很像一級方程式大賽，你現在只是台手推車，懂嗎？」

我很少遇到丹麥人有這種態度，所以感到很意外，那實在是太反常了！兩週後，酒吧老闆召開了一次特別會議。他發現，在所謂「一級方程式大賽」的夜晚，收銀機裡有很多錢不翼而飛──丹麥制度建立在信任之上，所以要動手腳有時很容易。老闆要求，要把被拿走的錢還回來，否則全體開除，最後大家都被開除了。

這個小故事的教訓是什麼？那就是即便在丹麥，還是有傲慢、自大的人，身上絲毫不見丹麥著名的謙遜氣質。

無論是偶然或巧合，就像「一級方程式大賽」夜晚的情形，
真相往往是：愈會說大話，不見得愈誠實。

尊重他人，謙遜對社會有益

　　丹麥有些著名的案子可以證明這個主張，如克勞斯・
希斯凱（Klaus Riskær）的垮台。他是一個急躁、略顯倨傲
的商人，在短時間內成爲暴發戶。經過數次審判，他被定
罪詐欺，處有期徒刑 6 年。狡詐的房地產大亨庫爾・喬森
（Kurt Thorsen）同樣是落得坐牢的下場，他的罪名是逃漏
稅。這在丹麥顯然會遭到唾棄，新聞媒體通常也認爲有責
任在報導這類案子時，提醒社會大眾丹麥社會固有的美德：
正直及保持低調。

　　不過，再也沒有比 1999 年時，我在巴黎的親身經驗更
大的對比。當時，我在一家非常時尚的餐廳當女接待，經
理毫無顧忌地告訴我們，要把體面的有錢人帶往餐廳前方
的座位，好讓大家都看得到他們，而「醜陋的普通人」（這
是直接引用他的可怕用語）則要帶往後方，最好是安排坐
在廁所的旁邊！

　　偶爾，當前面的座位都客滿時，我也會把「體面的有
錢人」帶到後面。但那總會引起側目，彷彿是在問：我怎

麼敢把他們「放逐」到「醜陋的普通人」坐的地方？

在那次的「手推車」事件之後，我立刻在附近的咖啡店找到工作，那家店和我自己的標準和丹麥的價值觀吻合得多。那家店的顧客也頗有來頭，但沒有人把自己看得太重要。當時，我們全是為了老闆麥可而來，他是個好人，能夠尊重並善待員工。

在那家店，我們可以自由、免費地吃喝店裡的東西，只要在筆記本裡記下即可。每個人都照做，從未想過要作假。丹麥的價值觀是彼此相呼應的：謙遜不僅與信任和誠實是一體的，也與團結密不可分。

多年後，我服務於羅萊夏朵的時間雖然很短，但是相當具有挑戰性，我再度發現了上述的價值觀。2006 年，我有幸獲得美國連鎖酒店君悅（Hyatt）集團的聘用，他們有卓越的企業文化，我的職位是負責歐、非及中東地區的公關總監。目前，我還任職於君悅集團，每天都發現身為重視並尊重人的集團的一份子，並置身於熱愛工作的同事當中，是多麼地幸福。

根據德州貝勒大學（Baylor University）研究人員 2012 年發表於《正向心理學期刊》（*The Journal of Positive Psychology*）的一項研究指出，[3] 謙遜者比傲慢者更可能幫

助有困難的人。研究人員在報告中指出，經過 30 年的行為研究，此次是首度證實，特定的人格特質與助人的意願有關聯。「性格隨和」是一項重要因素，但謙遜仍是樂於助人的最佳指標。這項研究的結果也證實，個人謙遜對社會整體有益。

憂鬱王國？

　　這種謙遜的態度，或許也可解釋丹麥一種令人意想不到的現象：抗憂鬱藥的龐大消耗量。有時，別人會問我：「丹麥要是那麼幸福，為什麼丹麥人要吃那麼多抗憂鬱藥？」的確，根據丹麥最大的衛生研究機構之一丹麥國家血清研究中心（Danish State Serum Institute, SSI）[4] 2011 年的調查，每 12 個丹麥人就有一個吃抗憂鬱藥。

　　然而，這並不一定是因為他們比別國人民不快樂，可能只是因為他們對自身的弱點不會有所避諱而感到不好意思，所以比較容易承認自己感覺不舒服而尋求診治。英國經濟學家萊亞德也指出，有為數眾多的憂鬱症病例從未接受治療，甚至未被診斷出來。[5] 事實上，最新的數字顯示，大約只有 25% 的憂鬱症被診斷出來並接受治療。

　　需要吃抗憂鬱藥這件事，在丹麥社會不是禁忌。哥本

哈根大學（University of Copenhagen）藥學系的克勞斯‧穆
德何普（Claus Møldrup），便曾經分析過這個現象，而他
的解釋是：丹麥文化非常能夠接受及了解憂鬱症。[6]

　　丹麥人不會羞於談論自己的心情抑鬱，更不會諱疾忌
醫。相形之下，穆德何普指出，憂鬱症在許多國家仍是十
分敏感、有時甚至是丟臉的話題，特別是在南歐。此外，
他也提出了另一個恰當的解釋：北歐國家缺乏日照。每年
有 9 個月白晝非常短暫，一到下午 3 點左右天就黑了，而
這對人的心理會有負面影響。

　　我們暫時換個方向來看這件事。無論丹麥人煩不煩惱
他們的心理問題，在 OECD 會員國中，丹麥仍是吃抗憂鬱
藥第四多的國家，僅次於冰島、澳洲和加拿大。[7]假設，這
是令他們很「high」的原因呢？也就是說，會不會是抗憂
鬱藥的興奮效應，促使丹麥人成為全世界最快樂的民族？

　　有人已經問過這個問題，但是這種論調禁不起長期的
檢驗。一來是因為抗憂鬱藥從不能使人快樂，頂多只是在
特別不好受的時刻，協助穩定低落的情緒。其次是因為其
他地方服用這類藥物的人，並未表示感到特別快樂。

　　舉例而言，美國的全國健康和營養調查計劃（National
Health and Nutrition Examination Survey, NHANES）有一系

列的研究估計，12 歲以上的美國人有 11％吃抗憂鬱藥。[8]法國在 OECD 2013 年的抗憂鬱藥服用量排行榜上，位居 23 國中的第 15 名，[9]但每年平均仍售出一億五千萬單位的鎮靜劑、抗憂鬱藥及安眠藥。[10]然而，美國人或法國人均未名列世界上最快樂的人民，反倒是丹麥自幸福調查在 1973 年展開以來，始終名列前茅，而抗憂鬱藥是 1980 年代才有的東西。

OECD「幸福研究所」的丹麥籍教授梅克‧威京（Meik Wiking）表示，[11]丹麥過去 40 年持續出現在幸福排行榜的前幾名，足以否定任何服用抗憂鬱藥為由的論述；這類藥物的出現，不曾改變丹麥的幸福度。

唯一集體「自大」的表現

不論誰是誰非，在我十幾歲時，關心的都不是這種議題。17 歲那年，有個週末晚上，我跟最要好的朋友決定去夜店玩。那家夜店在奧胡斯港的一艘渡輪上，門外大排長龍，我沒有耐心繼續等，便決定違反父母的教導，插隊到前面去。

結果，其他約莫兩百個乖乖排隊的丹麥人，立刻齊聲唱起現編現賣的小調：「回到後面，她必須回到隊伍後

面！」我自以為不必像別人那樣等候，是太過自大。當我必須往回走 150 公尺，默默回到原位時，並不以自己為傲。如果是在別的國家，群眾可能會更嚴重地羞辱我。但那次在丹麥，我的同胞只是簡單地唱了兩句要我好好排隊，來表達不滿。

當晚，我為了讓自己好過一點，便把這筆出糗的帳，記在出門前喝的那幾杯啤酒上，因為那完全違背父母對我的教養。丹麥人從小就被教導，不可炫耀或太過引人注目。小時候，父母不斷地殷殷囑咐我，最好不要使用「總是」、「絕不」、「別人都」、「沒有人」等字眼，因為一來如此極端的斷言是不禮貌的，二來則是通常很難為這類斷言提出充分辯解。

總而言之，丹麥人唯一可能擁有全體共識的強烈斷語，就是丹麥女王瑪格麗特二世（Queen Margrethe II）說的：「我們非常以我們的謙遜自豪。那是我們反向自大的表現，是一種高度的修養！」[12]

祕訣 10
我可以自由選擇角色：
性別平等

人人都能自由選擇適合自己的角色，
不必擔心刻板印象或禁忌。

　　我當時 8 歲，哥哥賈斯帕 9 歲，美麗的母親向我們解釋新的家規：每天都要完成一件小任務，無論是擺放餐具、澆花、吸地板、收拾餐桌、取出洗好的碗盤，或是把垃圾拿出去倒等。這些雖然都是小事，但是對於教育我們工作的價值，以及讓家中每一份子都出一分力來說，都是相當重要的。在工作的分配上，我們從未出現過男生或女生的問題，哥哥和我要做的事完全一樣。

　　我們兄妹接受相同的一般生活教育，沒有性別之分，享有同樣的權利，也受到同樣的限制。女生來我們家玩時，

我們會玩娃娃或是扮家家酒。我母親說得很清楚，如果賈斯帕也想要一起玩，我必須答應。同樣地，男生來跟賈斯帕一起玩汽車、牛仔或扮印第安人時，也是一樣。

我們從未因為性別而受到不同待遇。不過，我家還是相當傳統，父親出外工作，母親照顧子女和家庭。

家庭主夫

從小到大，我從未思考過性別平等這件事。我從來不覺得那是問題，事情本來就應該如此。

從某個角度來看，你甚至可以說，丹麥社會非常女性化，因為它的基本價值觀一般都與女性聯想在一起，如團結、合作、有愛心及謙遜等。其中，最重要的價值，始終是家庭和社會的保護觀。成功，如同前文所述，並不等同於賺了很多錢。衡量成功的標準，是工作與生活保持良好的平衡，並在日常生活中能夠做對自己有意義的事。

社會對於公開表達個人的感受，不但接受，還很重視。交談可以培養和促進關係，我在巴黎有個同事，是個年輕貌美的法國女生，經常問我：「妳怎麼可能跟幾乎不認識的人，如此公開談論自己和自己的感受？」每次我聽到都會微笑，因為在丹麥說話坦白很正常，並不會造成尷尬或

失禮。那並不代表將自己最深層的想法，透露給每個人知道，而是直率、眞誠地對待說話的對象。

　　能夠表達自身感受、談論自己，這種自由代表長足的進步，尤其是對男性而言。男性很自然地接納這些他們也該有的「女性」價值觀，如果想要，他們也都能自由地選擇成爲「家庭主夫」，不至於對男子氣概有影響。在丹麥，父母雙方都可以請產假。2002 年，丹麥的產假延長到總共 52 週，也就是一整年。父親在孩子出生後可以請假 2 週，產婦可以在產前請假 4 週、產後請假 14 週，其餘的 32 週則由父母自由分配來請。

　　與其他許多文化相反，丹麥男性覺得分擔家務很正常。事實上，他們花在照顧小孩和家務上的時間，幾乎與女性不相上下，平均只比女性少 1 個小時，而英、法的女性要比男性多投入 4.3 個小時做家事，墨西哥更是多出 5 個小時。[1] 世人經常遺忘最重要的一點，那就是爭取性別平等運動，解放男人的程度不亞於女人。人人都可以自由選擇適合自己的角色，不必擔心刻板印象或禁忌。

從小培養性別平等的觀念

　　丹麥人從小就被灌輸這種男女平等的觀念，女孩與男

孩的友誼非常自然。當年我在學校，男性朋友跟女性朋友一樣多。男女沒有分隔，就連上體育課也是如此，待遇完全相同。我時不時會在 60 公尺賽跑中贏過男生，他們從不在意，反而會替我高興。減少性別的刻板印象，可以鼓勵兒童與青少年自然發展，追求自己喜歡、而非他人期待的東西。

　　世界多國政府都明白，促進性別平等必須從小做起。以法國爲例，法國政府在 2013 年發布的報告，結論是「性別偏見與刻板印象，深植於集體潛意識中。它是歧視的直接源頭，因此必須從很小的年紀便著手消除。由法律規定男女混合，形成日常生活的常態，這是男女孩及日後成年男女眞正平等的必要但非充分條件。這件事必須由政府當局、教育體系相關各方及學校主動出擊，加以支持。」[2]

　　荷蘭與奧地利，也推行過一系列的新措施，包括名爲「女生與科技」（Girls and Technology）的計劃，鼓勵女生選擇女性人數過少的科系和職業。在愛爾蘭，教育科學部（Department of Education and Science, DES）爲了促進整個教育體系的性別平等，也制訂了強制性的策略。[3]

海洋、性事與冰雪

在丹麥，男女關係的禁忌極少。至少，無論對小孩或成人來說，我不記得有任何不准討論的主題。我們的日子過得很平凡，相對較不複雜。最平常不過的動作，像是提著剛買的一大包衛生紙走在街上，丹麥人絲毫不會覺得不好意思。我在巴黎只做過一次這種事，但我永遠忘不了路過行人的臉上，那種可憐我的表情。或許是因為我把衛生紙捲，擠在一個很漂亮、但明顯小太多的名牌包裡！

唯一讓丹麥人不分男女都感到不自在的，就是前文提過的不謙虛。聽某人吹噓自己有多麼成功，比起談論性愛更叫人臉紅。性對丹麥人來說十分自然，在晚宴上與朋友聊天，性是很普通的話題。談論性事並不會造成尷尬，也不是罪惡之事，女性可以完全按照本身意願，像男性一樣自由地追求性愛。同樣地，沒有固定的性別角色和刻板印象，便可去除社會規範或宗教施加的一切道德壓力。

某天，有個丹麥女性朋友打電話告訴我，她跟先生一起出去吃晚餐時撞見前男友。她說：「我在先生面前有點不知所措，只好介紹他是我有過一夜情的人。」我相當訝異地回答她：「喔？那一定有點尷尬吧！」「對，我覺得

他有點意外。但是，用一夜情解決掉他，總比跟他有過一段情要好！」丹麥人不排斥一夜情，據說在這方面，丹麥人也屬於世界先進。

包含丹麥在內的北歐人，首次發生性行為的平均年齡，是全球最年輕的。冰島人最早，15 歲；瑞典、挪威和丹麥人，在 16 歲時初嚐禁果，英國同樣是 16 歲。法國人要等到剛過 17 歲生日不久，比美國人的 16.9 歲略晚一點點。亞洲人平均在 18、19 歲之間失去童貞，印度人則要等到將近 20 歲。[4]

有一段網路影片，在 2009 年 9 月引起熱烈回響。片中一名年輕的丹麥女子，替小孩尋找生父。短短幾天內，就有超過一百萬人次觀看。這位女子上傳影片的用意，是希望找到孩子生父的下落。她在影片中說，某天晚上她喝醉酒後，遇到一個迷人的年輕男子，她不記得對方的名字，但是與他一度春宵。

片中女子手上抱的男嬰奧古斯特（August），便是那次一夜情的「結果」。女子解釋說，她對孩子的爸沒有任何要求，並非是為了錢，或是要他出來認這個小男孩。她只是想讓他知道，他現在有一個兒子。

不過，這其實全是在作戲！影片根本不是那名年

輕女子拍好上傳網路的，幕後的推手是丹麥觀光局（VisitDenmark），目的是要製造話題，以吸引觀光客。結果，這卻變成一樁醜聞，理由很明顯：它把丹麥宣傳成女性會隨便跟陌生人上床，而且沒有採取保護措施的國家，格調無庸置疑很低。

提出這個可笑構想的人，在面對外界質疑的反應是說，原本的目的是要宣揚丹麥人可以自由選擇人生，包括以單身身分生下孩子，也不必受到他人的評斷。不過，丹麥觀光局立即撤下影片，並且發布新聞稿，承認影片傳達的訊息可能會造成混淆。

至於我，我的立場是傾向於贊成！雖然我得承認，那個故事讓我有點忍俊不住，因為情節實在是蠢得可以。但即便如此，它在某種程度上證實了丹麥人對性的態度非常開放。回到事件本身，由於整起事件引起太大的爭議，觀光局長沒多久就被迫辭職了。

在 2013 年 8 月，另一對丹麥情侶又使我們傳奇的性自由上了媒體頭條。這對情侶在看完一場足球賽之後，決定就地在球場上做愛，以延續贏球的歡樂。只可惜球場的警衛想法不同，毫不客氣地打斷他們。各位是否覺得不可思議？一點也不。丹麥人顯然保有情侶公開做愛的世界紀錄。

　　公開裸露的行為，也經常令哥本哈根的觀光客大吃一驚。丹麥婦女會在午休時間，上空躺在市中心的公園：羅森柏格城堡花園（Rosenborg Castle Gardens）的草地上。這件事大家都知道，而且丹麥人覺得這沒什麼大不了的。與身體保持開放的關係，深植於我們的 DNA 裡。

　　這大概也可以解釋，丹麥人很容易在派對結束時找上彼此，並說：「我真的很喜歡你，我們一起上床吧？」不囉嗦、不做作，直來直往的作風。你們倆想做愛，那為何不讓自己享受一個美好的夜晚？不過，千萬別太高興，因為不是每次都會順利，更不是跟任何人都可以！

　　在享受性愛上，丹麥人與其他國家的人沒有差別。世界各地的研究者一致肯定，性與幸福密切相關。英國經濟學家萊亞德對性愛的評價是：它是可以帶給人們最大歡愉的活動。[5]同時，也有研究證實，做愛具有極高的快樂潛力。進行這項研究的人，是紐西蘭基督城（Christchurch）坎特伯雷大學（University of Canterbury）心理系研究生卡斯登·格林（Carsten Grimm）。他發現，人們喜好性愛仍舊多於臉書，這是個好消息。[6]

家務事

　　男女之間沒有禁忌，對社會結構有另一項重大影響。除了讓家庭可以依各成員的意願，自由地分配角色和責任之外，也能給情侶完全的自由，想維持任何非傳統關係的模式都可以，包括有無子女的同居關係、分居，以及各種你想像得到的「混合式」家庭結構。丹麥人當然也會結婚，但這個趨勢自 2008 年起一直在走下坡，到 2010 年僅三萬一千對結婚，而 1965 年的最高紀錄是四萬二千對結婚。[7]

　　我在 2002 年夏天回到丹麥，參加最要好朋友之一的婚禮。那是一場美好的婚宴，地點在海邊的一處莊園。氣氛溫馨、浪漫，全體 60 位賓客都很高興參與這個動人的時刻。新郎遵循傳統，在晚宴上起立致詞，內容充滿柔情而感人。致詞完畢，他深情地望著新娘的眼睛說：「我愛妳，我全心全意愛妳，就算妳在床上放屁，還以為我聞不到。反正，我會更加愛妳。」

　　我知道，對非丹麥人的讀者而言，在婚禮上說這種話，或許實在很不妥。但是，當時所有賓客都覺得，新郎的比喻完全正常，甚至很浪漫。這件小趣事很能夠說明，丹麥男女之間的相處，是多麼自然、不虛偽。不過，當我把

這個小故事講給法國和美國的友人聽時，他們都以為是我自己編的。但我堅持那是千真萬確發生過的事，他們便不可置信地看著我，然後說：「好吧！那他們撐了多久才離婚？」幸好，我能夠向朋友們「保證」（但這件事很難說），那對夫婦還在一起，而且過得很幸福。

儘管如此，丹麥的離婚率，在歐洲確實算很高的：在 2011 年，每千人有 2.6 人離婚。法國是 2 人，波蘭 1.7 人，愛爾蘭 0.7 人。東歐國家如拉脫維亞是 4 人、立陶宛 3.4 人，分別位居最高紀錄。雖然美國的離婚率也很高（每千人 3.6 人），但趨勢在往下降（2000 年曾經高達 4 人）。[8]

幾個月前，我在丹麥最親密的朋友之一打電話給我。她有好一陣子心情惡劣，因為她發現先生習慣性說謊。由於他們有兩個年幼的小孩，所以情況有點複雜。她也辛苦努力了兩年，希望能夠找出解決辦法，但這次她告訴我：「結束了。我們昨天離婚了。在網路上點幾下，然後新的人生，我來了！」

怎麼會是在網路上點幾下？沒錯。從 2013 年 7 月 1 日起，丹麥的離婚制度增加了立即生效的線上程序，讓夫妻可以不必遵守必須先分居半年才能正式離婚的一般規定。

立即離婚的費用是 900 克朗，*經過分居期的反而要 1,800 克朗。可能有人會覺得這很離譜，認為讓離婚變得容易，會鼓勵更多夫妻分手，此舉也確實引起丹麥媒體的論戰。

有些離婚律師表示，「e 離婚」可能會導致夫妻在爭執最激烈時離婚。反之，離婚顧問美特・郝倫（Mette Haulund），則在丹麥《貝爾林報》（*Berlingske*）刊登的專文中，分析新規定的正面作用。她表示，離婚夫婦絕大多數是能夠為自己負責的成年人，已經掙扎、努力了許久，試圖要挽回婚姻。[9]離婚多半是經過多年深思，最後不得已的選擇，新法條只是讓那些走不下去的夫婦，免去彷彿在傷口上灑鹽的冗長繁複手續所造成的多餘痛苦。

不管別人怎麼說，這個新選項非常適合丹麥社會。如同本書前文提過的，我們從小被教育要獨立，要為自己的自由負責。

淑女自己付錢

不過，男女平等的一個重要副作用，就是男人與女性約會時，不再有義務自動為女方付帳。在丹麥，當男性約

---

*900 克朗約為 4,234 台幣，1,800 克朗約為 8,467 台幣。

女性出去，不必然表示他必須負擔晚餐的費用。多半的情況是女方會支付一半，有時甚至是她點了多少就支付多少。

有一次，我和一個男子共進晚餐（我們當然是各付一半），飯後他開車送我回家。開到我家前門時，他很有禮貌地問我，可不可以付他一些油錢。另外一次，有個男生開車來接我去看電影，我照例表示要把電影票的錢給他，他很高興地接受了，又加了一句：「嗯，謝謝妳，但妳沒有……唉，算了！這次停車費算我的。」

此外，也別期待丹麥男人會讓座給婦女，或是幫忙她們提重物，甚至只是禮貌性地把門拉住別讓它關上。每次我回丹麥時，總是會忘掉這些細節，朝著正要關上的門撞過去。

這些原則適用於所有的社交情況，不論收入和背景，男女各付一半。有一次，我在巴黎與丹麥王儲及另外三個丹麥人一起吃晚餐，我們把帳單除以 5 來付帳。王儲並沒有比其他人多付或少付，這麼做可以避免只讓一個人出錢，他就變成餐桌上的「主人」。

男女平權，社會更和諧

再回到性別平等的議題上。這個概念普及於丹麥社會

的各個領域，包含就業、公民生活與政治。2010 年，丹麥
有 76.5％的男性和 72.4％的女性在工作，這是可以忽略的
差距。[10] 法國有 76％的男性在上班，女性僅略高於 67％，
但如果只計算全職工作，男女的差距就拉大為 74％與
59％，相差了 15％。[11]

　　丹麥的數字，是深植人心的公民與政治哲學使然。歐
洲開婦女投票權之先的是北歐各國：瑞典於 1718 年即已開
始（但是只到 1771 年，其後於 1918 年恢復至今），芬蘭、
挪威和丹麥分別在 1906 年至 1915 年間賦予女性選舉權。
而英國（1918 年）和德國（1919 年）的女性也沒有等多久，
但西班牙和土耳其的女性則要等到 1931 年，至於法國，更
是得等到 1944 年自納粹手中解放後。

　　丹麥 2011 年的國會選舉，女性候選人占 33％，而選出
的 175 席國會議員，女性占 39％。相較之下，美國眾議院
2013 年僅有 18％是女性，法國 25％，英國 22％，巴西和
日本約 13％。[12] 在 2011 年的選舉中，丹麥人首度選出女性
首相：赫勒‧托寧‧施密特（Helle Thorning-Schmidt）。
她任命的 23 位部會首長中，有 9 位是女性，占其政府的
39％。

　　丹麥企業界有 21％的董事會成員是女性，法國是

丹麥史上第一位女首相：赫勒・托寧・施密特。

24％、英國 19％、德國 17％、義大利 10％，[13] 而歐盟的平均值爲 14.9％。2012 年，挪威企業的女性董事，比例高達 42％！值得一提的是，有些國家實施了提升女性能見度的政策。舉例而言，法國 2011 年通過的法律規定，上市公司和員工達 500 人的公司，女性董事在 2014 年要達到 20％，在 2017 年要達到 40％。挪威（這方面的開路先鋒）、比利時、冰島和義大利也有類似的政策，而義大利規定的額度是 33％。英、德、丹麥等國家則沒有定額，所以這些國家的女性董事，是順應環境氛圍和文化當選的，不是因爲有強制規定。

比起世界其他地方，歧視在丹麥及整個北歐，無疑不是太大的問題。男女平等已是常態，在我做過的不同工作中，從未被質疑身爲女性是否會影響到我的表現。在我參加各種大小會議時，經常是年紀最輕和唯一的女性，但我從不在乎。就連男性有時不請自來或不得體的評論，也不會眞正影響到我。我想，原因在於我深深相信，我既不比別人——包含男人和女人——優秀，也不比別人差。

不過，我在法國卻必須學習，如何處理與男性的公務關係，因爲在法國往往需要設定比在其他地方更清楚的界線。雖然如此，我也一直有個印象，那就是不論在法國或

是其他我旅行過的地方，我都受到與男性同等的尊重——
但在某些波斯灣國家例外，那邊的情況依舊十分複雜。

　　男女平等，爲丹麥社會帶來明確的和諧。那使得女性
有機會在事業和個人生活上都能圓滿，也給男性把時間和
精力用於家庭生活的自由，不必顧慮別人會怎麼想。

結語
幸福要靠自己追求：
改變觀念，改變人生

　　法國夕陽西下時分，在我與友人同住的美麗海邊小屋裡，充滿田園詩意的一天告一段落。那眞是個神奇的地方，我在此找到了撰寫本書一大部分內容所需要的寧靜和靈感。我闔上筆電，爲自己能夠體驗如此珍貴的一刻，感到十分高興。我套上一件簡單的洋裝，去和朋友們喝杯開胃酒，一邊眺望著大海，一邊心想：我實在是太幸運了！

　　好友相伴、開懷大笑，高談闊論到深夜。我置身於大自然之中，陽光耀眼、無限寧靜，時間彷彿靜止一般……這就是幸福！忽然間，我的手機響起，是繼母打來的，她說：「瑪琳娜，妳馬上趕回丹麥來。妳爸爸在醫院，他動了緊急手術，但是並不順利，現在陷入昏迷中。」就這樣，不過幾秒鐘，幸福馬上便離我而去。我被這個消息嚇到，

立刻去搭最快飛往哥本哈根的班機。

打造幸福的基礎

　　爲什麼我要告訴各位這些？因爲我研究幸福已有數年的時間，而且不只研究丹麥人。我覺得，至今我唯一能夠肯定的是，幸福絕非永久。我們有一種對幸福的集體幻想，以爲幸福是某種恆常的狀態，但那反而會使我們不快樂，至少會產生挫折感。我們經常想像著：只要能夠到達「理想」的生活，擁有完美的配偶、可愛的子女、華美的住宅，以及自己夢想的事業等，就會一輩子幸福到底。

　　那當然是一種幻想。人生不斷地在改變，我們都無法預測人生，它充滿了好壞參半的意外。有些情況能夠帶來快樂，有些情況則是會帶來痛苦，關鍵在於回歸個人幸福的基礎——視情況，也可能是不幸福的基礎。這個最深層的基礎，是每個人一生都在打造的，也是一個人享受或勉強應付人生種種際遇的出發點。

　　基本上，是這個基礎決定了我們的長期幸福程度。你可能擁有堅實的幸福基礎，所以儘管遭遇困難時刻也能平靜度過，但即使你的基礎較爲脆弱，還是可能有無比歡欣的經驗。眞正的幸福，或至少是長期的安樂，並非取決於

人生中的極端時刻，而是取決於每個人可以回歸的基礎。

那麼，什麼是有利於幸福的基礎？最重要的，就是個人自己選擇的道路、人生的重要抉擇，以及爲了認識自己所做的努力。這些事，沒有旁人可以代勞。

愛是幸福的支柱，勇於追求自己的人生

追求幸福，顯然不是那麼簡單的事。環境也是一項重要因素，可以造成正面或負面的影響，影響一個人能否建立堅固的幸福基礎。據說，生長在有愛的家庭，對幸福的基礎有強化作用。我非常同意，因爲以我自己的情況來說，是家人的愛，給了我必要的堅實基礎，讓我得以開闢出通往快樂、平衡人生的道路。

不過，我不相信有什麼保證幸福的定規。幸福，是一個複雜的課題，全球主要的認知科學家及個人發展專家都在研究這個課題。本書並未提供解答，但是依我之見，幸福最重要的支柱是愛，各種不同形式的愛。

除了情感環境之外，社會環境的影響也不容小覷，而丹麥模式的用武之地即在於此。丹麥模式的特殊之處，在於它創造出十分有利於人民獲得幸福的制度。其實，我會說，那是鼓勵個人打好幸福基礎的制度，它能夠幫助每個

人在社會上找到適合自己的位置，在日常生活中感到自由、充滿自信。

　　丹麥的制度是集體的根基，而堅固的個人基礎則建立於其上。由於這個制度依據的是信心、平等、務實主義，以及群體團結感，它能夠讓每個人都有機會找到自己的立足點，而這是尋求長期幸福安樂非常珍貴的起點。

　　不過，丹麥社會的角色，僅止於提供有利的環境，其餘就是個人的責任，每個人都必須走自己的路。生於世界上最幸福的國家卻不快樂，這種情況並不罕見，反之亦然。生在丹麥，絕非幸福的保證。前文提過，丹麥和其他國家一樣，並不缺少不快樂的人，他們必須靠吃抗憂鬱藥和酒精來度日。

　　丹麥人當然也有恐懼，也會探索人生的深刻問題。你或許看過一些著名的丹麥電影，像是 1998 年湯瑪斯‧凡提柏格（Thomas Vinterberg）導演的《那一個晚上》（*Festen*），劇情講述一家人在晚宴上揭露了不愉快的眞相。或是像拉斯‧馮‧提爾（Lars Von Trier）的任何一部片子，如曾經贏得 2000 年坎城影展金棕櫚獎（Palme d'Or）的《在黑暗中漫舞》（*Dancer in the Dark*），或是 2011 年的《驚悚末日》（*Melancholia*）。從這些片名看得出來，它們並不是看了

最令人舒服的類型，其中有黑暗、有不安。

　　當然，丹麥也拍過像蓋布里・亞塞爾（Gabriel Axel）的《芭比的盛宴》（*Babette's Feast*）這種電影，它曾經獲得 1988 年的奧斯卡金像獎。這部片講述的是巴黎一家著名餐廳的主廚芭比，為了躲避法國內戰，逃到丹麥的一個小村莊。她在辛苦工作了 15 年以後，有天中樂透，但並未獨享這筆錢，而是用來為每個村民準備一頓法式大餐。丹麥無異於所有國家或是個人與人生，當然也有逆境、有恐懼、有希望、有歡樂，也有分享。

　　國家無法使個人幸福，真正的幸福必須靠自己。我再重申一次，社會只能給我們最好的元素，藉以組成健全的基礎，然後每個人再在這個基礎上建立自己的幸福。有了這個穩固的基礎，我們才能淋漓盡致地體驗歡樂時刻，或是勇於承受人生的各種挑戰。

　　我跟上述電影中的芭比相反，選擇離開「世界上最幸福的國家」，到別處去尋找自己的幸福。我在 18 歲來到巴黎時，便開始走上這條路。我隨身攜帶的除了行李，還有丹麥社會給予我的安樂基石，以及衍生自父母之愛的重要優勢：自尊、勇氣和信心。

　　如同前文所述，我剛到巴黎的那段日子很苦，必須在

完全陌生的文化裡，面對許許多多的難題。我認為法國是
世界上最美麗的國度，但法國人的心態是如此地費解，與
當時我所懂得的是南轅北轍。在我的印象裡，法國人不計
一切一定要追求最好的，而法國兒童依賴父母的程度，遠
高於我們丹麥小孩。

　　我也意外發現，人們確實相信精英，也有追求偉大的
企圖心，而且謙遜並非公認是重要的品格。此外，我感覺
社會的流動遲緩，人人機會均等的觀念，是理論多於實際。
毫無疑問，法國與丹麥是不同的文化，兩國對於繳稅、工
作與生活平衡，或者男女關係等，態度都各異其趣。

　　你可以說：「如果妳不贊同，就留在自己的國家！」
沒錯。幸福的理想模式若是在丹麥，我為什麼決定要在法
國定居？第一，是因為我剛才說過，國家無法使你幸福，
但你內在擁有的東西可以。其次，是我陷入愛河，愛上法
國和法國人民，也愛法國人對生命的熱情。

　　法國人比其他國家的人民更懂得享受美食，他們對人
生意義的探討也令人讚嘆！是的，我覺得他們相當個人主
義，但是他們複雜得惹人愛，又處處形成對比，這賦予他
們無比的深度和魅力。法國人能夠在自己所做的任何事當
中找到樂趣，即使是人生最平凡的事，而這點很了不起。

　　我在法國已經住了 19 年，還是不斷地會發現法國人個性的新面向。我非常清楚，並不是法國人請我來的，他們絕無義務順應我的標準，反而是我有義務尊重這個國家，以及在家鄉接納我的法國人民。這就是我花許多時間去認識並了解這十分美好、豐富的文化，並且學會說法語的原因之一。

　　我為個人幸福所選擇的道路是法國，但是我非常明白，我的幸福基礎與丹麥教導我的價值觀息息相關，也就是我在本書與各位分享的 10 項幸福祕訣。它們共存於丹麥的文化中，但是我非常確定，你可以在世上的任何角落，發現並培養同樣的價值觀。就算你目前居住的國家並未像丹麥那樣，把它們放在盤子裡送上來，你永遠可以向自己的內在去尋覓它們，在生活中培養它們。

改變觀念，改變人生

　　接下來，我們來看看世界各地不同的人，如何把這 10 項價值觀，當做追求自己與他人幸福的利器。

　　信任。有「窮人銀行家」之稱的穆罕默德‧尤努斯（Muhammad Yunus），以信任為工具，改變了開發經濟學與成千上萬人的日常生活。他創辦了孟加拉鄉村銀行

（Grameen Bank），這是第一家微型貸款機構，不必抵押就提供小額貸款給很多窮人，切實做到了信任他們，而絕大多數借貸出去的錢，也都被全部還清。

儘管孟加拉並非信任度排名很高的國家，尤努斯的努力使他在 2006 年獲得諾貝爾和平獎。信任主要是個人內在的想法，尤努斯是非常特別的實例。當然，在某些地方和國家，你凡事都必須更為謹慎一點，但是當你直視人們的眼睛，在任何地方都可能可以建立信任。至於對體制和政府的信任就比較複雜一點，因為有可能會發生貪腐的情形，所面臨的情況也可能並不單純。想要建立以信任為本的社會，每個成員都必須先做到信任他人。

教育。如同前文談到的，許多國家的教育體制，都以追求好成績為重。國際的教育模式，大抵還是集中於記誦與獲得高分，而非養成學童樂於學習或渴望學習的態度。不過，同樣地，父母可以支持子女朝著自我實現的道路邁進，而不是強迫他們拿第一名，或是把本身的志向投射在子女的身上。

我跟一個中國朋友討論到這件事時，她說：「雖然中國的學校要把我女兒教育成精英，但是我會仔細確定，她能夠找得到自己的路，不會受到我的壓力影響。」這證明

丹麥人不是唯一重視子女自我實現的父母。1919 年，魯道夫・斯坦納（Rudolf Steiner）根據一套非常創新的理論，開辦了第一所自由的華德福學校（Waldorf School），該校對藝術與手作活動的重視不亞於智育。目前總共有 1039 所華德福學校，它是全球最大的獨立學校網絡。

自由與獨立。透過認識真正的自我、了解自己喜歡做的事，能夠開拓出屬於個人的人生道路，但這不是一件簡單的事。如果你願意付出代價，把自己從社會、家庭或傳統觀念強加的人生或標準道路上解放出來，它是非常值得一試的事。

勇氣可嘉的巴基斯坦女孩瑪拉拉・約薩輔栽（Malala Yousafzai）便做了這種選擇，她努力讓自己的命運掌握在自己手裡，為了女子的受教權而奮鬥。塔利班企圖謀殺她，害她差一點送命。2014 年，她成為史上最年輕的諾貝爾和平獎獲獎人。在此，也不能不提已逝的南非前總統納爾遜・曼德拉（Nelson Mandela），他個人的奮鬥歷程，絕對是史上最令人不可置信，也最令人欽佩的。他為了創造更美好的世界，奉獻了自己的一生。

機會均等。我們每天都有機會能夠為別人創造機會。在等待「高層」（政府或民間決策者）提供解方時，每個

人的個別行動，也可能會改變別人的命運。機會均等的主
要場域，是運動和創業。鼓勵和敦促年輕人努力向上，還
是需要有識之士。

　　分子廚藝代表人物、米其林二星的法國名廚提耶里・
馬克思（Thierry Marx），爲出身弱勢背景、缺乏資歷的年
輕人，開設了免費的餐飲課程，名爲「料理實作」（Cuisine
mode d'emploi(s)）。法國創業家薩維耶・尼埃勒（Xavier
Niel），也創立了一所完全免費的數位技術學校，目的是
讓每個有天分和學習動機的人，都能夠有機會接受優質的
訓練。這類創新做法確實帶來了希望，並且具有啓發我們
有爲者亦若是的力量。

　　務實的期待。丹麥模式告訴我們，擁有務實的期待能
夠讓人過得更好，但務實並不代表沒有抱負，因爲丹麥人
嚮往有意義的人生。「我喜歡樂觀看待人生，但我也夠實
際，了解人生十分複雜。」你知道這句話是誰說的嗎？是
華特・迪士尼（Walt Disney），他爲兒童和成人創造出舉
世最有名的夢幻世界。

　　想要得到幸福，設定實際可行的目標，是一個很好的
開始。那並不是要你最後放棄夢想，只是要你對於實現自
己的夢想需要多少時間、需要付出什麼代價，能夠有所了

解，而不是心存幻想。美國小說家與新聞編輯愛德格·華特生·豪伊（Edgar Watson Howe）曾說：「世界上有一半的不幸福，是因為原本的計劃根本就不實在，甚至多半是不可行，後來果眞失敗了。」

　　團結。尊重別人是個人的選擇，無論住在哪個國家，我們都可以選擇如何對待別人。無論社會體制是否爲了再分配而設計，我們都可以自由地用自己的方式與他人分享。美國前總統約翰·甘迺迪（John F. Kennedy）曾說：「不要問國家能爲你做什麼，要問你能爲國家做什麼？」比爾·蓋茲（Bill Gates）與梅琳達·蓋茲（Melinda Gates）夫婦，對於如何回應這項團結愛國的呼籲，做了極佳的示範。他倆在 2000 年成立了比爾與梅琳達·蓋茲基金會（Bill and Melinda Gates Foundation），以在保健和教育領域協助全球人口爲宗旨，宣布捐出 95％的財產給這個基金會，估計金額高達 730 億美元。

　　2010 年，他們推動「樂施誓約」（The Giving Pledge）的活動，呼籲世界上最富有的人捐出半數財富用於慈善事業。華倫·巴菲特承諾捐出 99％，剩下的 1％也足夠他生活綽綽有餘，但這仍是非常豪氣的壯舉，也是世間極少有巨富比得上的。就算你沒有繳付像丹麥人那麼高的稅，也

不信任自己國家的機構，你還是可以盡一己之力，自由選擇對周遭的人表現出團結的態度。

工作與生活平衡。這也是個人可以選擇的，它也並非丹麥人首創！以英國創業家理察‧布蘭森（Richard Branson）爵士爲例，他素來以重視家人、生活以家人爲優先而著稱。對事業忙碌而分身乏術的人，布蘭森提出的建議是，只管在每日行程中安排家庭時間即可。

我認爲，企業若是了解在工作與生活間創造平衡有多重要，就能夠吸引並留住能力最強的人才。感覺幸福的員工效率最高，也最忠誠。至於是否待在根本無視於這個面向的公司發展事業，也是個人的選擇。在某種程度上，不分國家或體制，每個人都能夠選擇可兼顧事業與生活平衡的工作。

金錢。這道課題與上述那道密不可分。同樣地，你不必住在丹麥，也可以不把錢財當做人生要務。加拿大退休人員湯姆‧克里斯（Tom Crist）的事例，就令我非常感動。2013 年，他中了 4 千萬美元的樂透彩，決定全數捐作慈善之用，特別是捐給某癌症研究基金會，以記念兩年前死於癌症的妻子。他說：「我很幸運，事業有成，足夠養活自己和孩子。我心裡很清楚那筆錢該用在哪裡，它應該用於

慈善。」[1]大哉斯言。

謙遜。這點不大容易找到著名實例，因為謙遜者並不喜歡成為別人的話題，寧可默默耕耘。法國著名的米其林輪胎公司前老闆弗朗索瓦・米其林（François Michelin），從不願接受訪問或是引起話題，但他領導全球最著名的企業之一，肩負著讓空中巴士（Airbus）和勞斯萊斯（Rolls Royce）開得動的重責大任，當然有很多事值得吹噓。

法國足球名將席內丁・席丹（Zinedine Zidane）則是另一個例子，他絕對是才華橫溢、國際知名的人物，卻始終保持著非常謙虛的態度。他曾經說過：「個人表現不是最重要的，整個團隊的輸贏，才是真正的輸贏。」最幸福的人，經常表現出對人生的某種謙卑態度，像印度聖雄甘地（Mahatma Gandhi）那樣致力助人者，也是如此。能夠為他人奮鬥、爭取福祉，是對自己與人生謙遜的一種表現。

性別平等。這件事目前在全世界都必須經過爭取才能達成。中國的郭建梅便以捍衛婦女權利為終生職志，在她的支持下，中國婦女勇於主張自己的社會地位。出生於保加利亞的法籍哲學家茱莉亞・克莉斯蒂娃（Julia Kristeva），在法國發起西蒙・波娃女性自由獎（Simone de Beauvoir Prize for Women's Freedom），以記念這位法國作

家兼哲學家的百歲冥誕。頒發這個獎項，是爲了表揚全球對促進婦女自由平等有傑出貢獻的人。獲獎者多半曾經對抗過十分複雜的制度，歷經嚴苛的奮戰，但她們都明白那涉及千百萬人的幸福。

除了上述這些代表性人物，我還可以再舉更多出眾的人物爲例。無論是享有盛名的、被遺忘的，或是在世界的哪一端，他們都以自己的方式，奮力捍衛或矢志支持這十大幸福支柱，幫助他人建立穩固的幸福基礎，以享有最大的成功機會。

在我走訪世界各地的期間，有幸遇見各式各樣的文化與人民，使我得以從不同角度，審視自己的基礎與參照標準。我已經體悟到，能夠生長在丹麥，隨著我在本書與各位分享的價值觀一起長大，是多麼幸運的事。但是我也體悟到，這十大支柱背後最重要的、也是總結它們的，是忠於自我的自由。

法國小說家暨哲學家阿爾貝・卡繆（Albert Camus）說得非常貼切：「幸福就是一個人與他所過的生活之間的簡單和諧，此外還會是什麼？」我想，如果我們都能在心裡時刻記住他所說的話，每個人都能夠活得更好、更快樂。

增進快樂的人生哲學

最後，我想要分享一些非常簡單的人生哲學，是我在旅途中蒐集而來的。它們增進了我的幸福和快樂時光，讓我的人生變得更圓滿。我相信，有些你們一定已經耳熟能詳。

1. 我是自己最好的朋友。 你這一生必定會共度很久的一個人，就是你自己。所以，請跟自己好好相處，符合個人最佳利益，否則你的人生旅程，可能會非常漫長而艱辛。請務必聆聽自己、認識自己並照顧自己，這能夠鞏固幸福人生的基礎。長久的幸福安樂，始於對自我的了解。甘地說得一針見血：「最偉大的旅行家，不是曾經環遊世界十次的人，而是曾經環視過自己一次的人。」

2. 不拿自己和別人做比較。 不快樂最肯定的來源，就是跟別人比來比去。無止境的競爭，絕對不會讓你感到滿足，那只是要強過別人而已。唯一可能讓你產生正面感受的例外，就是去跟不及自己的人比。但是那樣做，並不是為了自身的優越感，而是要明白自己有多麼幸運！正如法國大哲學家伏爾泰（Voltaire）1772 年在道德詩《老古板》（*La Bégueule*）中所寫的：「偉大，是良善的敵人。」

3. 不在意社會的標準和壓力。當我們愈覺得能夠隨心所欲，按照適合自己的次序，用自己的方式做事，就愈可能活出本性，以致終究能夠依照自己的意願，而不是他人的期待度過一生。

4. 永遠準備好 B 計劃。當你覺得人生只有一種選擇時，就會害怕失去自己所擁有的。恐懼經常意味著，我們會爲了錯誤的理由，而做出錯誤的決定。但如果有潛在的替代方案在，我們就比較有勇氣用忠於自己的方式，去面對 A 計劃替我們製造的麻煩。

5. 選擇自己要打的仗。人生在世，每天都會面臨各種挑戰，大小不一。要逐一迎戰並不可能、也太耗費精力，所以應該要聰明選對該打的仗，這件事非常重要。學會選擇對自己眞正有益的，至於其他，要學會「船過水無痕」的道理，放下比較好。

6. 對自己誠實，並接受事實。當我們對某個情況的眞相，抱持著愈務實、愈誠實的態度，就愈能夠找出正確的方法改變它。無論這件事可能有多困難，只要能夠基於事實並接受事實，就能看出自己無力改變的地方，進而專注自己可以使力之處。必須要先診斷正確，才能夠對症下藥。如果出發點是謊言，不可能找到適切的解決辦法。

來自丹麥的親善大使。

7. 學會奉行務實理想主義。擁有能讓生命變得有意義的目標，同時抱持著務實的期待，這件事非常重要。在面對自己和他人的關係時也是一樣，當你對別人的期待愈務實，就愈可能得到愉快的驚喜。

8. 活在當下。活在當下，意思就是要好好地享受生命的過程，對目的地不抱幻想，在要離開時也不後悔。我一直記著一個非常特別的人對我說過的話：「重點是過程，不是目的地。」有計劃引導你前進固然重要，但是當你抵達終點時，幸福很少在那裡等你。在人生的旅途上，你會在沿途、在每個當下，發現幸福。

9. 為自己創造不只一個幸福的來源。套用一句老生常談，就是不要把雞蛋都放在同一個籃子裡。只依賴工作或心愛的人等，做為單一的幸福來源，不但很不可靠，而且有風險。請每天努力建立平衡的幸福來源組合，嘗試發現能為自己帶來快樂的人或活動。對我自己而言，幸福的一個重要來源是歡笑，歡笑幾乎馬上能讓我感到幸福。

10. 學會愛人。我認為，愛、分享與慷慨，是了不起的幸福來源。分享和付出，能夠為我們帶來快樂，因此有助於建立穩固、持久的幸福基礎。1952 年諾貝爾和平獎得主史懷哲（Albert Schweitzer）曾說：「幸福，是唯一當你分

享時會倍增的東西。」他可不是隨便說說的，這是經驗之談。

　　在我們繼續為各自的人生努力之前（但願都是朝向幸福的旅程），我還有最後一件事情想要分享。很奇怪，在我撰寫各位手上的這本書時，我的人生正好面臨了困境。但是，等到把書寫完之後，我發現分享了這麼多對我來說很重要的想法和經歷，帶給我無比的快樂。

　　這種情況並不矛盾。幸福最後對我們輕輕眨了眼，無論人生給我們什麼苦頭吃，始終忠於自己、不吝於分享，例如透過開放、真誠地寫作等，在我心中是進一步穩固幸福基礎的理想方式。無論這個基礎是不是丹麥製造的，以它為後盾，人生有時會讓我們得以實現夢想。

　　不知各位是否還記得那個最初夢想要當丹麥大使的 9 歲女孩？如果這本書確實傳遞一些關於丹麥的美好思想給世界各地的讀者，那我的夢想就實現了。

注釋

前言

1 參見丹麥稅務當局網站：Skat.dk。

2 摘自萊亞德所著的《快樂經濟學》（*Happiness: Lessons from a New Science*）一書。

3 D. Lykken, Λ. Tellegen, "Happiness is a Stochastic Phenomenon," *Psychological Science*, Vol. 7 (1996).

4 Thierry Janssen, *Le défi positif: Une autre manière de parler du bonheur et de la bonne santé* (Les liens qui libèrent, 2011).

5 The Centre for Bhutan Studies: http://www.grossnationalhappiness. com/wp-content/uploads/2012/04/Short-GNH-Index-edited.pdf.

6 http://www.happinessresearchinstitute.com.

祕訣 1

1 Gert Tinggaard Svendsen, *Tillid* (Tænkepauser, 2012).

2 排名根據史文森在 2005 年所做的研究及《世界價值觀調查》（World Values Survey）的結果。

3 Yann Algan, Pierre Cahuc, *La Société de défiance: Comment le modèle français s'autodétruit?* (CEPREMAP collection, Éditions Rue d'Ulm, 2007).

4 根據 2000 年的《世界價值觀調查》結果。

5 http://www.forbes.com/pictures/eglg45ehhje/no-1-denmark/.

6 聯合國永續發展解決網絡（UNSDSN），《2013 年世界幸福報告》

（*World Happiness Report 2013*）。

7　Pierre Cahuc, Yann Algan, *Peut-on construire une société de confiance en France?* (Éditions Michel Albin, 2009).

8　Christian Bjørnskov, *Det er et lykkeligt land* (September 2013).

9　2001 年《讀者文摘》的「遺失皮夾測試」（*"Lost Wallet"* Test）。

10　《柏森日報》與哥本哈根商學院（Copenhagen Business School）合辦的「信任」（Tillid）會議。

11　htttp://www.leadershipnow.com/CoveyOnTrust.html.

12　丹麥朗波管理分析公司（Rambøll Danmark）2009 年爲《日德蘭郵報》所做的調查。

13　摘自拉斯穆森 1999 年 6 月 5 日丹麥憲法節（Constitution Day）於哥本哈根的演講。

14　《世界價值觀調查》1980-2000 年。

祕訣 2

1　未與父母同住的學生，政府每個月發給教育津貼 5,700 克朗，約 26,800 台幣。

2　http://www.oecd.org/edu/ceri.

3　UNESCO, *Revisiting Lifelong Learning for the 21st Century* (2001), http://www.unesco.org/education/uie/publications/uiestud28.shtml.

4　作者在 2013 年 11 月 1 日與當時 19 歲的韓森的訪談。

5　http://www.dst.dk/pukora/epub/Nyt/2014/NR157.pdf.

6　http://www.dr.dk/tv/program/9-z-mod-kina.

7　在 2010 年 OECD 國際學生能力評量計劃（Programme for

International Student Assessment, PISA）的調查中，香港與上海的學生在所有調查國家中獲得最高分。

8　OECD 2012 年國際學生能力評量計劃：http://www.oecd.org/pisa/keyfindings/pisa-2012-results.htm。

9　法國城市學生基金會協會（Association de la Fondation Étudiante pour la Ville, AFEV）2010 年調查 760 名學生，有 71％表示上學無聊。

10　請見 2007 年 1 月 8 日的《貝爾林報》（*Berlingske*）。

11　請見 2009 年 5 月 7 日的《政治報》（*Politiken*）。

12　請見 2012 年 12 月 20 日的《政治報》（*Politiken*）。

13　http://www.letudiant.fr/loisirsvie-pratique/logement/bourses-allocations-des-sous-pour-etudier-18651/les-bourses-detudes-13339.html.

14　數據取自 OECD 出版的《2011 年教育概覽》（*Education at a Glance 2011*）。

15　Fondation pour l'Innovation Politique, *Young People Facing the Future. An International Survey* (2008).

16　http://europa.eu/epic/countries/denmark/index_en.htm.

17　同上列第 15 條。

18　同上列第 8 條。

19　根據 2010 年 OECD 國際學生能力評量計劃的調查，丹麥學生在閱讀理解能力方面，僅略高於 OECD 各國的平均值，在數學方面的表現非常好。

20　作者於 2013 年 8 月在奧胡斯市史科澤學校所做的訪談。

21　Tal Ben-Shahar, *Happier: Can You Learn to Be Happy?* (McGraw-Hill

Professional, 2008).

22 同上列第 9 條。

祕訣 3

1　Conseil Économique et Social (French Economic and Social Council), *Le travail des étudiants* (2007), and L'OVE (French National Observatory of Student Life), 'Les étudiants et leurs conditions de vie en Europe', in *OVE Infos* no.13 (2005).

2　http://www.cefu.dk/service/english.aspx.

3　'Christiana enfin libre', *Courrier international* (23 June 2011).

4　http://epp.eurostat.ec.europa.eu/cache/ITY_OFFPUB/KS-SF-10-050/EN/KS-SF-10-050-EN.PDF.

5　http://www.ncbi.nlm.nih.gov/pmc/articles/PMC3367275.

6　*Journal of Economic Behavior & Organization* (2011).

7　OECD《2009 年教育概覽》（*Education at a Glance 2009*）。

8　UNDP, *Human Development Report*, 2009.

9　Council of Europe, *Draft report on fostering social mobility as a contribution to social cohesion* (2011).

祕訣 4

1　OECD, "A Family Affair: Intergenerational Social Mobility across OECD Countries," in *Economic Policy Reforms: Going for Growth* (March 2010). http://www.oecd.org/centrodemexico/medios/44582910.pdf.

2　美國總統經濟顧問委員會（Council of Economic Advisers, CEA）

前主席艾倫‧克魯格（Alan Krueger）於 2012 年的演講中提及此曲線，其命名來自該委員會前駐會經濟學家賈德‧克萊默（Judd Cramer），引自《大亨小傳》（*The Great Gatsby*）的男主角。

3 根據 2011 年丹麥統計局的數據。

4 作者 2013 年 11 月 11 日訪談哥本哈根某法律事務所合夥人，基於尊重將姓名保密。

祕訣 5

1 Kaare Christensen, Anne Marie Herskind, James W. Vaupel, "Why Danes are smug: comparative study of life satisfaction in the European Union," *BMJ* (October 2006).

2 Tal Ben-Shahar, *Happier: Can You Learn to Be Happy?* (McGraw-Hill Professional, 2008).

祕訣 6

1 資料來自美國大屠殺紀念博物館（United States Holocaust Memorial Museum）。

2 http://www.yadvashem.org/yv/en/righteous/statistics.asp.

3 2012 年，輿觀（YouGov）民調公司為丹麥媒體《每週通訊》（Ugebrevet A4）所做的調查。

4 根據丹麥統計局的數據。

5 http://stats.oecd.org/Index.aspx?DataSetCode=REV.

6 根據丹麥統計局的數據。

7 2010 年，格林斯行銷公司（Greens Analyseinstitut）為《柏森日報》所做的調查。

8 Ipsos Public Affairs poll published in *Le Monde*, BFM TV and the *Revue française des finances publiques* (French Public Finance Review) (14 October 2013).

9 馬德里社會調查研究中心（Centro de Investigaciones Sociológicas, CIS）2013 年 11 月的年度調查。

10 http://www.irs.gov/Individuals/International-Taxpayers/U.S.-Citizens-and-Resident-Aliens-Abroad.

11 https://www.federalregister.gov/quarterly-publication-of-individuals-who-have-chosen-to-expatriate.

12 http://www.ugebreveta4.dk/undersoegelser/aspx.

13 丹麥分析公司（Analyse Danmark）2012 年爲《每週通訊》所做的調查。

14 http://www.ugebreveta4.dk/ledige-skal-bevise-at-de-soeger-job_14047.aspx.

15 http://www.oecd-ilibrary.org/employment/long-term-unemployment-12-months-and-over_20752342-table3.

16 http://www.idea.int/vt/viewdata.cfm#.

17 http://www.oecdbetterlifeindex.org/countries/denmark

祕訣 7

1 OECD「美好生活指數」（*Better Life Index*）：http://www.oecdbetterlifeindex.org/topics/work-life-balance.

2 根據丹麥統計局 2013 年的數據。

3 領導人協會在 2012 年 10 月所做的調查，該協會網址爲：https://www.lederne.dk。

4 OECD 2011 年《過得好嗎？測量幸福》（*How's Life? Measuring Well-being*）報告。

5 數據來源：Denmark.dk。

6 Jeppe Trolle Linnet, *Politiken* newspaper (10 November 2013).

7 http://www.espad.org/Uploads/ESPAD_reports/2011/The_2011_ESPAD_Report_SUMMARY.pdf.

8 http://www.samhsa.gov/data/NSDUH/2k11Results/NSDUHresults2011.pdf.

9 http://fr.ria.ru/russia/20101006/187570014.html.

10 http://www.inpes.sante.fr/slh/articles/398/02.htm.

11 根據 2010 年的歐洲社會調查（European Social Survey）。

12 根據美佳風市調公司（MegaFon）2011 年 12 月爲《政治報》所做的調查。

13 丹麥國立福利研究中心（SFI—Det Nationale Forskningscenter for Velfaerd）2006 年的丹麥自願服務部門調查。

14 2011 年的歐洲生活品質調查（European Quality of Life Survey）：參與志工及無酬工作。

15 根據美國國家與社區服務機構（Corporation for National & Community Service）「聯合服務」（United We Serve）2010 年的資料：http://www.serve.gov。

祕訣 8

1 https://www.youtube.com/watch?v=khOaAHK7efc.

2 Søren Kierkegaard, *Papers and Journals: A Selection*, trans. Alastair Hannay (Penguin, 1996).

3 摘自萊亞德所著的《快樂經濟學》一書。

4 P. Brickman, D. Coates & R. Janoff-Bulman, "Lottery Winners and Accident Victims: Is Happiness Relative?" in *Journal of Personality and Social Psychology* (1978). http://pages.ucsd.edu/~nchristenfeld/Happiness_Readings_files/Class%203%20-%20Brickman%201978.pdf.

祕訣 9

1 《餐廳》（*Restaurant*）雜誌每年都會公布「聖沛黎洛全球 50 家最佳餐廳」（S. Pellegrino World's 50 Best Restaurants）名單。諾瑪至今得過四次獎，分別是在 2010 年、2011 年、2012 年和 2014 年。

2 Aksel Sandemose, *En flyktning krysser sitt spor* (A Fugitive Crosses his Tracks) (1933).

3 J.P. LaBouff, W.C. Rowatt, M.K. Johnson, J. Tsang & G. McCullough Willerton, "Humble persons are more helpful than less humble persons: evidence from three studies," in *The Journal of Positive Psychology* (2012).

4 http://www.ssi.dk/English.aspx.

5 取自萊亞德所著的《快樂經濟學》一書。

6 Claus Møldrup, 'Danskerne æder lykkepiller som aldrig før', Ugebrevet A4 (December 2007): http://www.ugebreveta4.dk/danskerne-aeder-lykkepiller-som-aldrig-foer_18203.aspx.

7 http://www.oecd.org/els/health-systems/Health-at-a-Glance-2013.pdf.

8 根據 2005 年至 2008 年的全國健康和營養調查計劃。

9 　同上述第 7 條。

10 　根據法國國民健康保險局（L'Assurance-Maladie）。

11 　威京於 2013 年 5 月 27 日發表在《日德蘭郵報》的專文。

12 　丹麥女王瑪格麗特二世的新年祝詞，引述於：Helle Askgaard, "Denmark and the Danes," in *Discover Denmark: on Denmark and the Danes; Past, Present and Future,* published by the Danish Cultural Institute (Systime, 1992).

祕訣 10

1 　取自 OECD 數據。

2 　http://femmes.gouv.fr/wp-content/uploads/2013/03/chiffres-cles-2012.pdf.

3 　Eurydice for the European Commission, *Gender Differences in Educational Outcomes: Study on the Measures Taken and the Current Situation in Europe* (2010): http://eacea.ec.europa.eu/education/eurydice/documents/thematic_reports/120EN.pdf.

4 　根據 2005 年的杜蕾斯全球性調查（Durex Global Sex Survey）。

5 　取自萊亞德所著的《快樂經濟學》一書。

6 　Carsten Grimm, "Well-Being in its Natural Habitat: Orientations to Happiness and the Experience of Everyday Activities," Department of Psychology, University of Canterbury, New Zealand (2012). http://ir.canterbury.ac.nz/bitstream/10092/8040/1/thesis_fulltext.pdf.

7 　根據丹麥統計局 2011 年的性別平等報告。

8 　根據美國疾病管制局／國家健康統計中心（CDC/NCHS）全國生命統計系統（National Vital Statistics System）。

9　刊登於 2013 年 7 月 1 日的《貝爾林報》。

10　根據 2011 年丹麥統計局的數據。

11　http://www.insee.fr/fr/ffc/ipweb/ip1462/ip1462.pdf.

12　http://www.insee.fr/fr/themes/tableau.asp?reg_id=98&ref_id= CMPTEF05530.

13　Ernst & Young, 'Panorama 2013 des pratiques de gouvernance des sociétés cotées' (October 2013).

結語

1　http://news.nationalpost.com/2013/12/17/40-million-calgary-lotto-winner-plans-to-give-fortune-to-charity.

圖片來源

作者簡介

瑪琳娜・希達樂

Malene Rydahl

　　生長於丹麥，現居巴黎，擔任凱悅酒店集團（Hyatt Hotels & Resorts）高階主管。精通英語、法語及丹麥語，本書是她的第一本著作。

　　希達樂現任凱悅酒店集團歐非中東（EAME）區企業溝通總監。她於 2006 年進入凱悅集團，出任 EAME 區公關經理，2009 年獲任命爲現職，負責集團內不同品牌，包含凱悅（Hyatt）、柏悅（Park Hyatt）、安達仕（Andaz）、

君悅（Grand Hyatt）、凱悅商務酒店（Hyatt Regency）、凱悅嘉軒（Hyatt Place）、凱悅之家（Hyatt House），在EAME 區的溝通宣傳定位。

自 2012 年起，她的職責增加，並奉派領導企業責任專案「興盛」（Thrive）在 EAME 區的執行。她的企業溝通總監新職，責任涵蓋爲凱悅集團在 EAME 區研擬及執行公關、企業溝通及媒體關係專案。EAME 區的危機溝通及企業聲譽管理，也屬於她的職責範圍。

希達樂旅居巴黎期間，歷任羅萊夏朵精品酒店集團（Relais & Chateaux）公關總監；WPP 集團旗下廣告公司工作者天堂（Les Ouvriers du Paradis）客戶經理，代表的客戶有巴黎樂蓬馬歇百貨公司（Le Bon Marché (LVMH)）及愛快羅密歐（Alfa Romeo）等精品品牌；鉑傲（Bang & Olufsen）影音器材公司法國溝通與行銷經理，在此職務上的責任包括與精品界的路易威登（Louis Vuitton）、愛瑪仕（Hermès），以及巴卡拉（Baccarat）水晶等公司建立合作關係。

希達樂在 2012 年成爲正向經濟論壇（Positive Economy Forum）諮詢委員會委員，這是在法國總統的支持下，由經濟學家賈克・阿塔利（Jacques Attali）領導的組織。此外，

她也是新創公司42度蔬食（42°Raw）餐廳的財務合夥人，該公司推廣新健康速食概念，目前在哥本哈根經營兩家餐廳，並有展店計劃，將在歐洲開設新店。

國家圖書館出版品預行編目（CIP）資料

幸福好日子：向全世界最快樂的丹麥人學習滿意生活的 10
項祕訣／瑪琳娜．希達樂（Malene Rydahl）著；顧淑馨譯．
－初版．－臺北市：大塊文化，2015．07
208 面；14.8×20 公分．－（smile；121）

譯自：Heureux comme un Danøis
ISBN 978-986-213-617-1（平裝）

1．生活指導

177.2   04011491

LOCUS

LOCUS

LOCUS

LOCUS